Viaţa ca o luptă nesfârșită

Vladimir Pustan

Viața ca o luptă nesfârșită
Studiu practic din cartea Iosua

Editura Fabrica de vise

Descrierea CIP a Bibliotecii Naționale a României
PUSTAN, VLADIMIR
   Viata ca luptă nesfârșită : studiu practic din cartea Iosua /
Vladimir Pustan. - Beiuș : Fabrica de vise, 2020
   Conține bibliografie. - Index
   ISBN 978-606-8760-12-4

Copyright © 2020 Editura Fabrica de Vise
Str. Livezii, nr. 1 A, Beiuș, Bihor, 415200, România
Tel: 0259-321.693
E-mail: head.office@ciresarii.ro
http://www.ciresarii.ro

Toate drepturile rezervate.

Orice reproducere sau selecție de texte din această carte este permisă numai cu aprobarea în scris a Editurii „Fabrica de Vise", proprietate a Fundației „Cireșarii".

Redactor: Emma Pustan
Copertă: Liviu Cabău
Tehnoredactare: Timotei Bulzan

CUPRINS

Prefață 7
Puțină geografie spirituală în loc de introducere .. 9
Dincolo de graniță 17
Rahav – de la felinarul roșu la funia cărămizie .. 27
Să trecem Iordanul 35
Ziua de dinaintea luptei 43
Căderea zidurilor 51
Acan – păcatul care distruge și pe alții 59
Pâinea cu mucegai 67
Nu va apune soarele 77
Până la capăt 87
Mai bine un câine viu 95
A doua oprire 103
Cetățile de scăpare 113
Luptele ce nu ar trebui luptate 121
Biruitori până la capăt 129

Prefaţă

Cartea aceasta trebuia să fie o carte pe care să o scrii uşor, dar nu a fost aşa. Aveam o afinitate reală faţă de subiect ce avea personaje conturate, tăioase, conţinea adrenalină, studiasem suficient şi mai ales ţinusem predici în biserică din memoriile generalului Iosua.

Îmi ieşisem însă din ritm.

Lucrurile pe care nu le faci zilnic ţin să se depărteze pe nesimţite de verbul „trebuie". Am început să lenevesc şi să-mi găsesc scuze, ce mă făceau să torc ca o pisică în poala unei bătrâne bogate şi singure.

A venit virusul şi ne-a obligat să stăm mai mult prin casă şi astfel că o situaţie generată din exterior m-a obligat să termin ce începusem cu trei ani înainte.

Mulţumesc Cerului pentru toate felurile subtile de a ne obliga să avem principii ce să ţină mai mult de trei zile.

Sunt mulţumitor familiei ce mă încurajează, celor de la Cireşarii ce pun visul în conturul realităţii.

Mulțumesc bisericii ce mi-a oferit în ultimii cinci ani liniștea necesară să pot scrie nu numai predica. O biserică dinamică, voioasă, pocăită și jertfitoare de care sunt tare mândru. O biserică ce se găsește geografic în Beiuș și în Londra, dar spiritual are ramificații în toată lumea datorită internetului folosit responsabil.

Bisericii și slujitorilor dedicați le dedic această carte...

Vladimir Pustan
Iunie 2020

1

PUŢINĂ GEORGRAFIE SPIRITUALĂ ÎN LOC DE INTRODUCERE

Iosua 24:11-14

¹¹Ați trecut Iordanul și ați ajuns la Ierihon. Locuitorii Ierihonului au luptat împotriva voastră: amoriții, fereziții, canaaniții, hetiții, ghirgasiții, heviții și iebusiții. I-am dat în mâinile voastre, ¹²am trimis înaintea voastră viespe bondărească și i-a izgonit dinaintea voastră ca pe cei doi împărați ai amoriților: nu cu sabia, nici cu arcul tău. ¹³V-am dat o țară pe care n-o munciserăți, cetăți pe care nu le zidiserăți, dar pe care le locuiți, vii și măslini pe care nu-i sădiserăți, dar care vă slujesc ca hrană.' ¹⁴Acum, temeți-vă de Domnul și slujiți-I cu scumpătate și credincioșie. Depărtați dumnezeii cărora le-au slujit părinții voștri dincolo de râu și în Egipt și slujiți Domnului.

Nu mai e un secret că trăim o viață creştină ca făina văduvei din Sarepta. Pe fund de oală. Lipsa de resurse şi idei, lipsa unei viziuni luminoase naşte rahitici spiritual, ce au ca perspectivă o peşteră în care un Obadia cu chip angelic le aduce zilnic o bucată de pâine, în timp ce corbii lui Ilie râd până li se albesc ciocurile.

Nu e uşor să te învârți patruzeci de ani în cerc. Nu e uşor să trăieşti cu amintirea unui Egipt în care castraveții erau desert şi cu speranța unui Canaan fabricat de o imaginație arsă de soare, cu struguri mari cât uriaşii aferenți.

Întreaga experiență a Exodului e o lecție cu obiecte pe care Dumnezeu o foloseşte pentru a ne învăța nu numai ce e mântuirea, ci şi ce înseamnă o viață victorioasă, abundentă, plină, nu fără înfrângeri, ci fără văicăreli, nu fără ispite, ci fără cedări facile de teritorii.

Evenimentele din Exod ne-au fost relatate pentru a ne sluji drept pilde, zice apostolul Pavel. Ele sunt un şablon al vieții creştine şi de aceea cartea Numerilor trebuie citită exact în cheia aceasta.

Egiptul e locul pierderii şi al robiei. Când Iosif a ajuns prim-ministru, şi-a adus familia în Egipt, familie ce a dus-o bine câtă vreme a trăit Iosif. Au crezut că vor sta puţin acolo, dar au stat 400 de ani, suficient de mult să fie şterşi din memoria cu băieţi buni. O lume întreagă din care am făcut parte stă în robia Egiptului, având stăpân pe Faraon, ce ne dă de lucru şi ne bate cu biciul.

Exodul e eliberarea prin sângele mielului de la miezul nopţii, aşa cum sângele lui Hristos ne-a eliberat de sub urgia cu cătuşe, trecându-ne prin Marea Roşie, simbol al botezului în apă (1 Corinteni 10:1-2).

Rătăcirea prin pustie e simbolul imaturităţii spirituale. Locul învârtirii în cerc fără linie de sosire, în care doar câte o minune mai face rost de apă, în care prepeliţele vin din cer, gata fripte, iar mana are gust de rumeguş de fag.

Canaanul e viaţa creştină victorioasă. Am fost învăţat greşit că a trece Iordanul e similar cu trecerea prin valea umbrei morţii sau, pentru un grup ezoteric, e botezul în apă. Atunci Canaanul ar semnifica raiul creştin cu struguri mari, zugrăviţi cu dibăcie în „Turnul de veghere". Canaanul nu poate simboliza raiul pentru că acolo nu vor mai fi nici cafteli, nici gabaoniţi, nici înfrângeri, nici victorii. Canaanul e locul luptei, dar şi al harului, al minunilor, al belşugului de lapte şi miere (Deuteronom 6:3, 10-11). Iordanul e linia de demarcaţie între o viaţă plictisitoare de pocăit rezonabil şi o viaţă a semnelor de exclamare, a chiotelor de bucurie, a strugurilor mâncaţi pe săturate.

Kadesh Barnea e punctul de decizie a acestei treceri la un nivel superior. Unsprezece zile le trebuia să ajungă din Egipt în Canaan, dar au găsit un drum de patruzeci de ani. De ce?

Pentru că în Numeri 13-14, Moise trimite din Kadesh Barnea 12 agenţi ai Mossad-ului să facă nişte selfie-uri cu ţara de dincolo de Iordan, iar zece din ei se întorc cu pupilele dilatate, ca după o tură de etnobotanice de la Vama Veche. Ei l-au sfătuit pe Moise să nu cumva să treacă poporul dincolo pentru că prădătorii sunt gata de carnagiu. Doar doi spioni au zis că într-adevăr uriaşii sunt mari, dar Dumnezeu e şi mai mare. Moise s-a comportat ca un protestant adevărat. A pus trecerea Iordanului la votul popular, iar rezultatul a fost „Nu". Acest exerciţiu de democraţie tâmpă a costat enorm o întreagă generaţie ce a umblat din loc în loc ca hipioţii din America anilor '60, până au murit cu mana între dinţi.

Dumnezeu ne-a invitat – şi o face şi astăzi – să păşim spre o viaţă îmbelşugată şi victorioasă în cucerirea unui nou teritoriu. Teritoriul acesta este al tău de multe vreme – doar trebuie să ţi-l revendici. În cartea Iosua, cuvântul „moştenire" apare de 55 de ori ca simbol al balamalei pe care pivotează promisiunile lui Dumnezeu. A trăi la marginea resurselor spirituale şi a mai şi compune cântece despre lucrul acesta, iată un mare cârcel ce se pune pe creier, făcând imposibilă trăirea unei vieţi cu mentalitate de învingător. Moise trebuia nu numai să îi scoată din robie, ci şi să îi ducă în Ţara Promisă. Pasiunea lui pentru şedinţe de comitet şi sondaje publice i-a fost însă fatală. În loc să vadă ocazia, oportunitatea, ei au văzut opoziţia.

În termeni medicali boala lor se numeşte „complexul lăcustă", iar mai târziu a primit numele de „complex de inferioritate".

„Înaintea lor eram ca nişte lăcuste" (Numeri 13:33). Ei nu erau lăcuste în ochii duşmanilor lor, ei erau lăcuste în proprii lor ochi. În loc să spună cât de mare e Dumnezeul lor, au zis „cât de mari sunt duşmanii noştri".

Bătăliile pierdute pe câmpul de luptă sunt de fapt bătălii pierdute înainte de a fi tras primul cartuş, când frica şi lipsa de motivaţie aduc paralizia înfrângerii.

Şi mai este ceva ce trebuie să ne dea de gândit. Lipsa noastră de curaj creează probleme şi generaţiei ce vine după noi. Chiar dacă au ajuns până la urmă în Canaan, copiii lor tot au trebuit să îndure căldura sufocantă a pustiului.

Când Dumnezeu i-a promis cu mii de ani în urmă lui Avraam (Geneza 12:1-3) că va fi o binecuvântare nu numai pentru evrei, ci pentru toate popoarele, a anticipat că Israelul vrea să fie binecuvântat fără ca să mai fie la rândul lui o binecuvântare. În momentul în care treci Iordanul, rezultatul victoriei îl împarți și cu cei de lângă tine. Oare de aceea nu vrei să te lupți ca nu cumva să trebuiască să împarți prada cu cineva?

Moise nu a intrat în Canaan, dar în cer este prezent, deci Canaanul nu poate reprezenta cerul. Viața victorioasă nu e o viață de perfecțiune, ci de creștere – creștere în har și înțelepciune, o viață de noi victorii asupra lumii, cărnii și Diavolului.

A călări gardul dintre Egipt și Canaan nu este o poziție spirituală grozavă. Un picior în lume și celălalt călcând timid spre dorința victoriei, ce imagine delirantă! Având destulă lume în noi ca să nu ne putem bucura deplin de Isus și având atât Isus în noi, suficient ca să nu ne putem bucura deplin de lume.

Dacă întrebi oamenii de ce nu vin la biserică, spun că din cauza ploii de primăvară. Dacă le spui că în Biserică nu plouă, spun la rândul lor că și asta e o problemă. Viața victorioasă nu e responsabilitatea noastră, ci este răspunsul nostru la puterea lui Dumnezeu de a face minuni cu noi.

Du-te înainte. Nu te compara cu uriașii de azi, ci cu cel ce-ai fost ieri.

Cum trebuie să ajungem să trăim o viață din abundență, vom învăța împreună din această experiență uluitoare, având ca erou principal pe generalul Iosua.

Aceasta e miza cărții de față...

2

DINCOLO DE GRANIȚĂ

Pasaj de citit: Iosua 1

Iosua 1:1-8

[1] După moartea lui Moise, robul Domnului, Domnul a zis lui Iosua, fiul lui Nun, slujitorul lui Moise: [2] „Robul Meu Moise a murit: acum, scoală-te, treci Iordanul acesta, tu și tot poporul acesta, și intrați în țara pe care o dau copiilor lui Israel. [3] Orice loc pe care-l va călca talpa piciorului vostru vi-l dau, cum am spus lui Moise. [4] Ținutul vostru se va întinde de la pustie și Liban până la râul cel mare, râul Eufrat, toată țara hetiților și până la Marea cea Mare, spre apusul soarelui. [5] Nimeni nu va putea să stea împotriva ta cât vei trăi. Eu voi fi cu tine, cum am fost cu Moise; nu te voi lăsa, nici nu te voi părăsi. [6] Întărește-te și îmbărbătează-te, căci tu vei da în stăpânire poporului acestuia țara pe care am jurat părinților lor că le-o voi da. [7] Întărește-te numai și îmbărbătează-te, lucrând cu credincioșie după toată legea pe care ți-a dat-o robul Meu Moise; nu te abate de la ea nici la dreapta, nici la stânga, ca să izbutești în tot ce vei face. [8] Cartea aceasta a legii să nu se depărteze de gura ta; cugetă asupra ei zi și noapte, căutând să faci tot ce este scris în ea, căci atunci vei izbândi în toate lucrările tale și atunci vei lucra cu înțelepciune.

Iosua s-a născut în sclavia egipteană. Tatăl lui era Nun, din seminția lui Efraim (1 Cronici 7:20-27), iar despre mama lui nu știm nimic. Inițial, numele lui era Hoshea, ceea ce înseamnă „mântuire", dar Moise l-a pus la punct și i-a schimbat numele în Ieshua, „Domnul este mântuirea" ca să nu existe dubii teologice. A fost sclav în Egipt, iar după trecerea Mării Roșii a fost slujitorul lui Moise (Exod 24:13), fiind comandantul armatei în războiul cu amaleciții (Exod 17) și unul dintre cei doi spioni cu raport pozitiv. Ca urmare a credinței lui a avut dreptul împreună cu Caleb să intre în Țara Promisă. Nu mai era tânăr atunci când Moise l-a lăsat să se descurce singur, tradiția evreiască spune că ar fi avut 85 de ani.

Cu cei 7 ani cât au durat războaiele de cucerire ale Canaanului se fac 92, iar până la 110 când a murit (Iosua 24:29), a umblat cu teodoritul după el, măsurând și împărțind pământul triburilor lui Israel.

Și Hristos a purtat numele de Iosua. Așa cum Iosua a cucerit dușmanii pământești, așa a învins și Hristos marii noștri dușmani, păcatul și moartea și ne-a împărțit moștenirea cerească.

Murise Moise și Dumnezeu l-a îngropat pentru că Dumnezeu își îngroapă lucrătorii, nu lucrarea. Iosua îi ia locul, iar noi învățăm că planurile divine nu sunt dependente de o singură persoană. Murise Moise. Cel ce stătuse brav în fața lui Faraon, ce condusese 40 de ani poporul prin pustie, cel ce primise Legea scrisă pe piatră direct din mâna lui Dumnezeu, cel ce construise Cortul Întâlnirii, cel mai blând om de pe fața pământului.

Avea 120 de ani când a murit (Deuteronom 34:17), vederea nu-i slăbise, puterea nu-i trecuse, dar avea interdicție de a intra în Canaan. Poporul aștepta să moară Moise să poată trece Iordanul, iar Moise nu avea de gând să moară democratic. Așa că Dumnezeu l-a luat la o plimbare, de unde Dumnezeu s-a întors singur. L-a desemnat pe Iosua să conducă poporul, după ce 40 de ani generalul fusese vioara a doua. Moise fusese omul potrivit pentru atunci, Iosua era omul potrivit pentru acum. Dumnezeu merge mai departe, folosind persoane diferite în momente diferite pentru scopuri diferite.

Iosua l-a respectat enorm de mult pe Moise în viață, dar și în moarte – numele lui Moise fiind folosit de 57 de ori în cartea scrisă de Iosua și aceasta înseamnă respect maxim.

Întotdeauna după Ilie, Dumnezeu are un Elisei, iar dacă Estera nu se va implica, se va găsi altcineva să ducă planul lui Dumnezeu mai departe, vorba lui Mardoheu.

În locul lui Iuda apare Matia, iar lista e nesfârşită, întrucât rezervorul de slujitori e plin întotdeauna. Când ei nu mai sunt de găsit vin pietrele, dar cerului îi place să lucreze cu oameni.

Să nu uiţi niciodată că promisiunile lui Dumnezeu nu sunt limitate doar la cei ce-au fost înaintea noastră. Ele nu au murit o dată cu Moise pentru că „făgăduinţele lui Dumnezeu, oricâte ar fi ele, toate în El sunt DA" – aşa că bucuraţi-vă. Promisiunile lui Dumnezeu nu sunt diminuate nici de trecerea timpului, chiar dacă nu a fost uşor pentru Iosua şi Caleb să aştepte 40 de ani ca să le vadă împlinite. Ele nu sunt afectate de circumstanţe şi împrejurări, nici de rapoarte pesimiste, nici de toiege izbite de stânci, nici de dansuri populare în jurul unui viţel făcut din cercei şi brăţări.

Treci peste obstacolele mergerii mai departe... Chiar dacă sunt multe şi variate.

Iar primul obstacol e amintirea dulceagă a vremurilor de altădată. Pentru Iosua, amintirea lui Moise putea deveni un balast, mai ales că generalul avea 85 de ani când a ajuns de unul singur la comandă. Metodele lui Moise, felul lui gângav şi blând de a vorbi erau în amintirea colectivă adânc întipărite, dar Iosua avea altă generație de condus în Canaan decât cea cu care Moise fugise din Egipt. Nu putem trăi în trecut și să facem progrese în viitor, cum nu poți merge cu oglinda retrovizoare mai mare decât parbrizul, la o mașină pentru oameni normali și nu pentru raci.

Apoi vine frica. Dumnezeu îi spune lui Iosua „nu te înspăimânta și nu te îngrozi" (v. 9) și Dumnezeu știe că a fi curajos nu înseamnă a fi fără frică, ci omul acela ce are putere să meargă mai departe în ciuda fricii. Din cauza fricii au făcut un drum de două săptămâni în 40 de ani. „Voi fi cu tine" îi spune Dumnezeu, deci nu vom fi singuri niciodată și nimeni nu va putea sta împotriva noastră cât vom trăi, El nu ne va lăsa și nu ne va părăsi.

Parcă dinții lui Iosua clănțăneau puțin mai silențios...

Dimensiunea misiunii era copleșitoare și era un alt obstacol major. Dumnezeu le dădea și Ioranul și Libanul (v. 2-5), iar Iosua căuta cu ochii o hartă a vastului teritoriu. De fapt, Dumnezeu îi dădea tot pământul de sub talpa piciorului așa că trebuia să se miște repede, iar asta înseamnă cooperare în victorie. Era clar ca lumina ochilor soției lui Iosua că Dumnezeu nu avea de gând să le dea o țară mare în timp ce ei făceau plajă. Creatorul luptă împreună cu noi, nu în locul nostru. El nu are victorii la preț redus, cum nu are pâine gratis pentru cei tolăniți la umbră de măslin.

Așa că mișcați-vă repede și nu vă abateți nici la dreapta, nici la stânga. Orice distragere de la obiectivul final, orice întârziere înseamnă sărăcie.

Iar ultimul mare gard pe care trebuia să-l sară Iosua era bazarea pe înțelepciunea proprie.

„Cartea aceasta a legii să nu se depărteze de gura ta; cugetă asupra ei zi și noapte, căutând să faci tot ce este scris în ea, căci atunci vei izbândi în toate lucrările tale și atunci vei lucra cu înțelepciune" (Iosua 1:8). Verset foarte cunoscut și foarte puțin pus în practică. „Cartea aceasta a legii". Sunt multe cărți folositoare pentru creșterea spirituală, dar Sfânta Scriptură rămâne baza. Și trebuie respectat „tot ce scrie în ea", nu doar ceea ce ne place și trebuie studiată și aprofundată zi și noapte pentru că ea transcende ritmurile noastre biologice.

Iosua avea la îndemână Urim și Tumim – două pietre folosite de Marele Preot pentru a lămuri probleme încurcate – dar Urim și Tumim (simbolizând profeții de azi) trebuie folosiți doar după ce știi foarte bine Sfânta Scriptură. Despre Cartea aceasta trebuie vorbit. Ea trebuie să fie în gura ta, întrucât înțelepciunea nu-i folositoare dacă nu e împărtășită cu alții.

Atunci vei avea prosperitate, atunci vei fi binecuvântat. Iosua s-a ghidat toată viața după

Cuvântul lui Dumnezeu, iar când a murit l-a dat celor de după el ca să le fie şi lor far şi binecuvântare. Este marea moştenire pe care poate să o lase după el un părinte, un dascăl, un general, un preot. O Biblie deschisă...

Era vizibil că nu erau unde Dumnezeu voia să fie aşezaţi. Aveau pământ pentru ei şi vite şi dincoace de Iordan, dar doar dincolo de fluviu erau promisiunile măreţe ale lui Dumnezeu în aşteptare. Ce e drept dincoace de Iordan e o zonă confortabilă, iar dincolo erau tot felul de încercări şi ispite. Dumnezeu nu vrea să te eschivezi în faţa problemelor, ci vrea să le înfrunţi brav şi să le biruieşti. Putem muta munţii, dar mai uşor e să zburăm peste ei. Dumnezeu le dăduse deja pământul, ei doar trebuiau să-l treacă în cartea funciară. Dacă Iosua a reuşit să cucerească Canaanul având 5 cărţi din Biblie la îndemână, cu cât mai uşor trebuie să ne fie nouă acum să obţinem victorii având toată Biblia.

Urmează un lanţ spiritual de comandă. Dumnezeu i-a poruncit lui Iosua (v. 9), Iosua a poruncit conducătorilor (v. 10), iar conducătorii trebuiau să poruncească poporului (v. 11). Acesta e modelul biblic în slujire, iar toţi s-au conformat rapid, aducându-şi aminte cât l-a costat democraţia zeloasă pe Moise când a dat drumul unui referendum cu tema ascultării sau nu de poruncile Domnului.

Trei zile mai târziu – adică timpul suficient unei învieri – aveau să treacă Iordanul într-o armonie deplină. Nu erau două turme, una a moșului Moise și cealaltă a tinerilor lui Iosua, ci o turmă și un păstor chiar dacă două seminții și jumătate au ales ca după lupte să rămână dincoace de Iordan.

Dar asta e altă poveste...

3

RAHAV – DE LA FELINARUL ROȘU LA FUNIA CĂRĂMIZIE

Pasaj de citit: Iosua 2; 6:22-25

Iosua 2:1-9

¹Iosua, fiul lui Nun, a trimis în ascuns din Sitim doi oameni, ca iscoade, zicându-le: „Duceți-vă de cercetați țara și mai ales Ierihonul." Cei doi oameni au plecat și au ajuns în casa unei curve, care se chema Rahav, și s-au culcat acolo. ²S-a dat de știre împăratului din Ierihon și i-au spus: „Iată că niște oameni dintre copiii lui Israel au venit aici astă-noapte ca să iscodească țara." ³Împăratul Ierihonului a trimis la Rahav să-i spună: „Scoate afară pe bărbații care au venit la tine și care au intrat în casa ta, căci au venit să iscodească țara." ⁴Femeia a luat pe cei doi bărbați și i-a ascuns și a zis: „Este adevărat că bărbații aceștia au venit la mine, dar nu știam de unde sunt; ⁵și, fiindcă poarta a trebuit să se închidă noaptea, bărbații aceștia au ieșit afară; nu știu unde s-au dus: grăbiți-vă de-i urmăriți și-i veți ajunge." ⁶Ea îi suise pe acoperiș și-i ascunsese sub niște mănunchiuri de in care le întinsese pe acoperiș. ⁷Oamenii aceia i-au urmărit pe drumul care duce la vadul Iordanului și, după ce au ieșit ei, s-a închis poarta. ⁸Înainte de a se culca iscoadele, Rahav s-a suit la ei pe acoperiș ⁹și le-a zis: „Știu că Domnul v-a dat țara aceasta, căci ne-a apucat groaza de voi și toți locuitorii țării tremură înaintea voastră.

Ajunge erou a credinței și numai Dumnezeu știe cum. Mulți o folosesc ca reazăm pentru etica situațională – pentru că era război și făcea parte dintr-un popor ce trebuia nimicit. Scriitorul cărții Evrei zice că a fost vorba de credință (Evrei 11:31), iar fratele Domnului scrie că au fost niște fapte la mijloc (Iacov 2:25). Textul ce relatează faptele nu se pretează la subtilități teologice, dar valoarea învățăturilor practice e de necontestat.

Cu Rahav înțelegem că nimeni nu e prea departe de harul lui Dumnezeu. Era canaanită, un popor extrem de idolatru, crud și arțăgos ce nu se putea califica decât cu greu la mântuire. Apoi Rahav era femeie – în vremurile acelea având tot atâtea drepturi cât un maidanez. Avea și o meserie ingrată și infamă ce poartă numele de cea mai veche meserie din lume, fără însă ca istoria să prezinte dovezi ajutătoare. Era prostituată și de cinci ori se precizează în text lucrul acesta ca să fie spre neuitare. Bărbații stăteau la rând în fața porții casei sale și de aceea cele două iscoade au trecut neobservate. Pe vremea lui Isus statutul lor nu devenise mai onorabil, erau împreună cu vameșii imposibil de mântuit, iar faptul că Isus petrecea timp în compania celor două grupuri ciudate năștea oroare în mințile băieților buni.

Rahav riscă, pentru că riscurile aferente mântuirii trebuie asumate. Putea fi prinsă și executată imediat. Mântuirea personală e deasupra patriotismului, dar nu cred că Rahav gândea până acolo. Când te mântuiești te desparți de o sumedenie de oameni, obiceiuri, lucruri. Nimeni nu poate veni la Mine, zice Isus, dacă mai are morți de îngropat, femei de iubit, pământuri de văzut, boi de încercat. Mulți, mântuindu-se, și-au pierdut familiile, prietenii, slujbele, iar alții și-au pierdut viața, dar nimic nu se poate pune în balanță cu bucuriile viitoare.

Rahav parcurge un drum inițiatic, traseu plin de meandre al unei credințe adevărate.

Credința adevărată vine în urma auzirii. Auzise cum cei din fața Ierihonului trecuseră o mare și bătuseră apoi doi împărați de le sărise apa din urechi (2:10). De aceea e bine să ai urechi ca să auzi ce trebuie auzit, iar ea avea urechile bune. Nu ni se spune de la cine auzise, dar cert este că ținuse minte și acum această informație pusă deasupra unei memorii selective îi era de folos.

Credința adevărată cere ascultare absolută. Când i-au spus să pună la geam o funie de culoare cărămizie, așa a făcut, deși ca femeie avea un spectru de culori variat până la efectul Doppler. Când au ieșit din Egipt, Dumnezeu le-a spus să-și ungă stâlpii ușilor cu sânge de miel și așa au făcut. Nu mergea cu vopsea lavabilă roșie, cu sânge de vită, nici cu cruci, steaua lui David sau cu menore. Când e vorba de poruncile lui Dumnezeu nu e loc de improvizații. Credința vine în urma auzirii, dar nu poate fi practicată după ureche.

Credința adevărată are la bază un legământ, un legământ care aici a fost parafat cu o funie cărămizie, iar pe vremea lui Noe cu un curcubeu încă neconfiscat de LGBT. Când a pus funia la fereastră s-a încrezut în Dumnezeul legământului și El s-a ținut de legământ (6:22-25). Omul e specialist în ruperi de legământ. Dumnezeu nu a făcut asta niciodată, în toată istoria de 6.000 de ani a mântuirii. „Eu sunt Domnul și Eu nu mă schimb" afirmație liniștitoare pentru cel ce privește deja la oameni cu un ochi paranoic.

Credința trebuie să se manifeste public, de aceea funia trebuia pusă la loc vizibil pe fereastră ca să o vadă toți, chiar dacă nu toți îi înțelegeau semnificația. În cazul de față doar Rahav știa ce e cu funia ce se bălăngănea în bătaia vântului.

Nicodim nu a putut face un pas vizibil ziua, de aceea a venit la Hristos noaptea, ca o cucuvea și așa a și rămas. Cine se rușinează de Domnul pe pământul acesta nu va avea parte în veșnicie decât de un Dumnezeu întors cu spatele spre el. Sunt prea mulți înrolați în armata Domnului, dar la serviciul secret, acolo unde se stă cu gulerul paltonului ridicat, ochelari de soare și pălărie cu boruri mari.

Rahav nu se temea de oștirea lui Israel, ci se temea de Dumnezeul lui Israel, iar frica de Domnul e începutul înțelepciunii. Începea să devină înțeleaptă.

Credința adevărată se manifestă prin fapte, pentru că faptele ei, nu cuvintele ei au îndreptățit-o (Iacov 2:25). Biblia nu laudă înșelăciunea și minciuna ei, ci credința ei. Scopul nu scuză mijloacele, deși nicăieri în Sfânta Scriptură nu apare mai pregnant o excepție ca aici. A fost mântuită prin har, nu prin merite, chiar dacă a scăpat de la moarte doi oameni. Hristos se întreabă, oare ce lucru mai frumos poate fi decât ca cineva să-și dea viața pentru prietenul lui. Rahav doar și-a pus-o în pericol.

Credința adevărată te adaugă poporului lui Dumnezeu. Ea vrea să rămână cu cei din Israel, iar ei îi cer să rămână în casă și ea și familia ei. Să nu părăsiți adunarea cum au unii prostul obicei să o facă. Nu biserica mântuiește, dar venitul la biserică și rămânerea în Casa Domnului e semn al sănătății spirituale. Rămâneți în casă...

Credința adevărată dorește și mântuirea celorlalți. Rahav începe să negocieze cu iscoadele ca Avraam pentru Sodoma (2:12-13). Nu vrea să fie izbăvită singură și pe undeva e ușor de înțeles că dorește salvarea rudelor de sânge. Dar astăzi nu e în fața noastră același grup compact de neamuri față de care nu ne simțim obligați cu nimic?

De la Rahav învățăm cea mai plină de speranță lecție a vieții.

Nu trecutul îți hotărăște viitorul, ci alegerile pe care le faci. Trecutul ei era demn de tabloide, nicidecum de povestit nepoților curioși. Dar a ales să nu trăiască în trecut și-a învățat că totul în viață se poate repara, atâta vreme cât trăiești.

Matei 1:5 „Solomon a născut pe Boaz din Rahav, Boaz pe Obed, Obed pe Iese, Iese pe David". Restul e o poveste frumoasă. Cu un David, om după inima lui Dumnezeu și care prin urmașii lui naște pe Hristos. Iar Rahav e la capătul firului de har, străbunica Domnului – neintrând prin ușa din dos a familiei mesianice – pentru că Dumnezeu nu ascunde genealogia lui Hristos, ci o lasă sub ochii noștri ca să ne spună tuturor că la El întotdeauna există șansa a doua, doar să ne dorim să o luăm de la capăt...

4

SĂ TRECEM IORDANUL

Pasaj de citit: Iosua 3 și 4

Iosua 3:14-17

[14] Poporul a ieşit din corturi ca să treacă Iordanul şi preoţii care duceau chivotul legământului au pornit înaintea poporului. [15] Când preoţii care duceau chivotul au ajuns la Iordan şi când li s-au înmuiat picioarele în marginea apei – căci Iordanul se varsă peste toate malurile lui în tot timpul secerişului –, [16] apele care se coboară din sus s-au oprit şi s-au înălţat grămadă, la o foarte mare depărtare de lângă cetatea Adam, care este lângă Ţartan, iar cele ce se coborau spre marea câmpiei, care este Marea Sărată, s-au scurs de tot. Poporul a trecut în faţa Ierihonului. [17] Preoţii care duceau chivotul legământului Domnului s-au oprit pe uscat, în mijlocul Iordanului, în timp ce tot Israelul trecea pe uscat, până a isprăvit tot poporul de trecut Iordanul.

Acum 3500 de ani, un popor prăfuit, obosit și ales stătea în fața unui fluviu lat de 30 de metri după 40 de ani de marș, sărbătorind 500 de ani de la încheierea unui legământ pe care Dumnezeu îl parafase cu întemeietorul fizic și spiritual al poporului, Avraam.

Mai aveau 30 de metri de parcurs, erau atât de aproape de vis și atât de departe de obiectivul final.

Au mai trebuit să aștepte 3 zile, dar ce mai conta după 40 de ani de așteptare. Iordanul era obstacolul ultim înaintea intrării în moștenirea promisă. Oare ce Iordan îți stă împotrivă de nu reușești să intri în viața din abundență promisă de Hristos? „Eu am venit ca oile mele să aibă viață din belșug". Dumnezeu nu vrea să trăim la marginea resurselor, cu burțile umflate de foame precum copiii din Africa și nici înfrânți în fiecare luptă care ne stă în față.

Când te vei hotărî să te ridici din viața amărâtă pe care o duci, va trebui să-ți identifici Iordanul ce-ți mai stă în față și să faci câteva lucruri pe care le-au făcut Iosua și poporul înainte de a vedea cum zidurile Ierihonului se prăbuşesc doar de la nişte strigăte din piepturi bronzate.

Examinează-ți calea înainte de a trece Iordanul. „Sfințiți-vă" (v. 5). Aceasta a cerut Dumnezeu de la popor ca primă condiție. Trebuiau să-și spele trupul, să-și schimbe hainele și să stea separați de tot ce e impur. La aceasta suntem chemați și noi, spălându-ne în sângele lui Hristos – să stăm separați față de lume. Trebuiau să păstreze o distanță de 2.000 de coți față de chivot, locul prezenței lui Dumnezeu, iar comanda este simplă „Fiți sfinți", de 77 de ori pomenită în Levitic, pentru că Dumnezeu voia să-i exorcizeze de păcatele pustiului, nemulțumirea, cârtirea și contestarea liderilor.

Întotdeauna să aştepți lucruri mari şi noi de la Dumnezeu „mâine Dumnezeu va face lucruri minunate în mijlocul vostru". A doua zi aveau în meniu minuni. Iosua trebuia să fie confirmat de Dumnezeu ca succesor a lui Moise și trebuia să se întâmple ceva supranatural la hirotonisirea lui, iar poporul trebuia întărit. Erau speriați și complexați, iar ca să-i liniștească, Dumnezeu trebuia să fie măreț...

Îl limităm pe Dumnezeu neaşteptând nimic de la El şi El le spune că cine crede va vedea, iar Iordanul abia aştepta să se dea la o parte. Trecerea Iordanului s-a făcut în aprilie – mai, atunci când din cauza zăpezilor topite e mai adânc, mai repede, mai revărsat. În august când putea fi trecut cu piciorul nu mai era nevoie de minuni.

Viața nu-i decât o continuă aventură spirituală în care drumurile sunt întotdeauna nebătute, potecile neumblate, unde trebuie să-ți faci loc cu maceta în lăstărișuri, genunchii se zdrelesc, pielea de pe mâini crapă și busola înnebunește nemaiarătând nordul.

Dar numai pionierii pot ști ce e lumina de la capătul tunelului și mai ales ce este dincolo de tunel, doar ei pot să dea nume locurilor văzute, doar ei pot să intre în istorie. „Binecuvântat este cel ce nu așteaptă nimic de la Dumnezeu că el nu va fi dezamăgit niciodată". Verset desprins parcă din biblia satanică, bun de pus pe rănile șezutului nedesprins de scaun.

Intră în apă apoi. Dumnezeu nu elimină obstacolele din viața noastră, ci ne trece peste ele. Nu ne scutește de drum, nu ne trece în spate Iordanul, ci trebuie personal să faci primul pas în apă. Cu preoți, cu copii, cu bătrâni și femei, nimeni nu-i scutit. Pământul promis începea cu cel de sub apă.

Nu treceți fără Dumnezeu. De șapte ori apare „chivotul" în textul de dinaintea debarcării. În față trebuia purtat chivotul. În față era El (v. 6). Evrei 12:2 „Să ne uităm țintă la Căpetenia și Desăvârșirea credinței noastre, adică la Isus, care, pentru bucuria care-I era pusă înainte, a suferit crucea, a disprețuit rușinea și șade la dreapta scaunului de domnie al lui Dumnezeu". Deși semnele prezenței Lui sunt temporare, El este permanent. După ce i-a călăuzit timp de 40 de ani în nor și în foc, acum Iehova schimbă mijlocul de călăuzire. O face prin chivot, care până atunci era amplasat în mijlocul taberei, iar acum Dumnezeu cere să fie pus în fața avangărzii ca semn: „nu voi M-ați protejat pe Mine, ci Eu pe voi".

Nu treceți fără popor. Expresia „tot poporul" apare de două ori. Aveau nevoie unul de altul ca a lor credință să crească împreună. Când ești căzut are cine să te ridice, iar singur ești o pradă ușoară și sigură.

Nu treceți fără conducătorii spirituali. Preoții au dus chivotul și au intrat în apa tulbure a Iordanului și-au stat acolo neclintiți până când Iordanul și-a despărțit apele. Doar preoții s-au udat pe picioare, poporul a trecut pe uscat. Preoții au avut răbdare să treacă și tinerii și bătrânii, iar ei au stat până a trecut tot poporul și abia atunci au trecut și ei ultimii. Rugați-vă pentru slujitorii voștri. Cei adevărați își udă picioarele în locul vostru și vă păzesc poteca spirituală. Nu treceți fără ei, așa cum nu au trecut nici ei fără voi.

Nu uita niciodată de unde ai venit.

Iosua 4:9 „Iosua a ridicat şi el douăsprezece pietre în mijlocul Iordanului, în locul unde se opriseră picioarele preoţilor care duceau chivotul legământului, şi ele au rămas acolo până în ziua de azi".

Au făcut 12 mormane de pietre la Ghilgal. Pentru alţii erau 12 movile de pietre – pentru ei era un monument al izbăvirii.

Au mai făcut 12 movile de pietre în mijlocul Iordanului ce le vedea doar Dumnezeu când apa era mare şi ei şi Dumnezeu când era apa mică.

Movilele nu erau pentru ei, ci pentru copiii lor şi pentru copiii copiilor lor ca să nu uite de unde i-a izbăvit Dumnezeu. Va trebui să lăsăm copiilor noştri o moştenire spirituală în primul rând, pe care o putem avea cu toţii şi numai dacă avem de unde, să le lăsăm o moştenire materială.

O veche poveste rusească spune că în timp ce Hristos umbla pe pământ a vindecat un om de lepră, dar i-a lăsat o mică cicatrice, iar când ucenicii l-au întrebat de ce, le-a răspuns „Ca să nu uite". Există pericolul uitării şi de aceea rămânem cu dovezile palpabile şi dureroase ale izbăvirii – ca să ne aducem aminte.

Dacă traversarea Mării Roşii (Exod 14, 15) a fost separarea de trecutul Egiptului şi al lumii, traversarea Iordanului a fost separarea de mediocritatea spirituală spre o viaţă plină de biruinţe.

Au ales 12 bărbați să facă 12 movile de pietre. Tot atâția bărbați câți au fost trimiși în urmă cu 40 de ani ca spioni. Acum doar să facă monumente pentru victoriile ce le stăteau în față. Cei din Ierihon îi priveau cum adună pietre fără ca să vadă vreo finalitate. Atunci nu vedeau un sens imediat nici cei 12 bărbați. Era primul lucru dintr-o serie lungă de ciudățenii care îi așteptau. Dumnezeu nu te cheamă să-L înțelegi, ci să-L asculți. Iar ascultarea în lipsa înțelegerii se numește dragoste...

5

ZIUA DE DINAINTEA LUPTEI

Pasaj de citit: Iosua 5

Iosua 5:2-9

²*În vremea aceea, Domnul a zis lui Iosua: „Fă-ți niște cuțite de piatră și taie împrejur pe copiii lui Israel, a doua oară." ³Iosua și-a făcut niște cuțite de piatră și a tăiat împrejur pe copiii lui Israel pe dealul Aralot. ⁴Iată pricina pentru care i-a tăiat Iosua împrejur. Tot poporul ieșit din Egipt, bărbații, toți oamenii de luptă muriseră în pustie, pe drum, după ieșirea lor din Egipt. ⁵Tot poporul acela ieșit din Egipt era tăiat împrejur, dar tot poporul născut în pustie, pe drum, după ieșirea din Egipt, nu fusese tăiat împrejur. ⁶Căci copiii lui Israel umblaseră patruzeci de ani prin pustie până la nimicirea întregului neam de oameni de război care ieșiseră din Egipt și care nu ascultaseră de glasul Domnului. Domnul le-a jurat că nu-i va lăsa să vadă țara pe care jurase părinților lor că le-o va da, țară în care curge lapte și miere. ⁷În locul lor a ridicat pe copiii lor; și Iosua i-a tăiat împrejur, căci erau netăiați împrejur, pentru că nu-i tăiaseră împrejur pe drum. ⁸După ce a isprăvit de tăiat împrejur pe tot poporul, au rămas pe loc în tabără până la vindecare. ⁹Domnul a zis lui Iosua: „Astăzi, am ridicat ocara Egiptului de deasupra voastră." Și locului aceluia i-au pus numele Ghilgal (Prăvălire) până în ziua de azi.*

Fluviul era trecut, cei din Canaan erau îngroziți și se așteptau la un iureș sănătos din partea evreilor, dar aceștia se așază la umbră. Aproximativ 2 milioane de oameni care, ca națiune, trecuseră prin experiența „morții" pustiului și învierii pentru o lume mai bună. Acum trebuiau să „moară" și individual, iar Dumnezeu îi pune să se circumcidă așa cum hotărâse în Geneza 17 pentru Avraam și neamul de oameni de după el.

Circumcizia fizică e întotdeauna o imagine a unui adevăr spiritual, dar din păcate evreii au făcut ritualul fizic mai important decât adevărul spiritual (Romani 2:25-29).

Noua generație nu primise circumcizia în pustie pentru că necredința părinților suspendase temporar legământul lor cu Dumnezeu, așa că nu aveau nevoie de un semn mincinos al legământului care să existe în trup, dar nu și în inimă (Numeri 14:32-34). Acum părinții le muriseră, iar ei trebuiau tăiați împrejur la Ghilgal ca să uite prin trecerea miraculoasă a Iordanului ocara Egiptului. Dar ce e „ocara Egiptului"? Umblatul lor în cerc nu trecuse neobservat.

Probabil că era un subiect bun de haz pentru popoarele dimprejur care seară de seară dădeau la știri imagini cu un popor fără busolă, unde se certau unii cu alții și apoi toți împreună cu conducătorii lor. Suntem o priveliște pentru lumea de afară, iar necredința lor nu a slăvit pe Dumnezeu și națiunile păgâne spuneau „Dumnezeul lor nu e suficient de puternic să îi ducă în Canaan". Când au ajuns în Țara Promisă, ocara a dispărut și de pe Dumnezeu și de pe popor. Noua generație a ajuns dincolo de Iordan, dar nu au atacat imediat, deși noi citim în cărți și vedem în filme că fără „factorul surpriză" nimic nu iese spectaculos. Dumnezeu știa că poporul trebuia pregătit spiritual pentru lupta din față. Așa au comemorat Paștele după 40 de ani când n-au mai avut nicio sărbătoare adevărată.

Iar la viață nouă, sărbători noi, teritorii noi, trebuia neapărat o mâncare nouă și astfel Dumnezeu le poruncește simplu, tăindu-i de la rație să termine cu mana.

Mâncaseră hrana pustiului, mana, vreme de 40 de ani. Mană cu lapte, mămăligă de mană, burgeri de mană, mană pane, mană șnițel, mană friptă, mană coaptă, mană fiartă, lapte de mană, mană vegană, mană cu gust de castraveți și alte variate combinații.

Până atunci primiseră cadou mâncare, acum trebuiau să și-o producă. Trebuie să evoluezi și aici. Să treci de la lapte la bucate consistente. Să nu te mai hrănească cineva cu linguriţa, ci să mănânci pe săturate din sudoarea frunţii tale. Descoperiseră deja că Dumnezeu e în faţa lor şi face minuni, dar faptul că trebuiau să stea la o distanţa bună de chivot îi făcuse să înţeleagă că nu te tragi cu Dumnezeu de şireturi şi că orice familiaritate când nu te califici pentru aceasta e păguboasă. În noaptea de dinaintea luptei Iosua are o întâlnire personală cu Dumnezeu (Iosua 5:13-15).

Iosua era în căutarea unor soluţii militare. Făcea calcule pentru ce fel de berbeci va folosi, câte scări, suliţe, săgeţi şi oameni vor trebui aruncate în luptă. Iar el nu avea. Erau nişte toiege, ceva praştii şi câteva săbii la cei mai răsăriţi.

Când a realizat că inventarul era subţire, Iosua şi-a amintit instant cum au trecut Iordanul şi şi-a ridicat privirile în sus.

Atunci a câştigat victoria asupra Ierihonului.

Mai exista doar o formalitate, lupta, pentru că armele noastre nu sunt omeneşti, ci spirituale. Noi trebuie să trăim în victorie şi nu aşteptăm rezultatul, îl ştim deja.

În faţa lui stătea Cineva cu sabia scoasă din teacă. Iosua a scos şi el sabia. „Cu cine eşti?", „Cu nimeni, dar tu trebuie să fii cu Mine dacă vrei să ai victoria asigurată".

Iosua a căzut imediat cu fața la pământ. Înainte de a fi cuceritori trebuie să fim noi înșine cuceriți.

Căpetenia oștirii Domnului. Dumnezeu are o armată de îngeri care se luptă în războaiele nevăzute. Dacă Israel rătăcind nu avea armată pregătită, Dumnezeu avea cu ce să cucerească Țara Promisă. Doar trebuie să avem ochi deschiși să îi vedem și îi vedem atunci când ne ridicăm ochii în sus.

Cine a fost această Căpetenie? A fost unul din momentele vechi testamentare când oamenilor li se arată o teofanie, o imagine a Hristosului preîncarnat. Iosua cade la picioarele Lui și El nu-l ridică de acolo. Acceptă închinarea.

În Apocalipsa 19:10, Ioan vede un înger și vrea să se închine lui, dar îngerul nu-i permite lucrul acesta. Doar lui Dumnezeu să te închini, îi spune îngerul.

Apoi Căpetenia îi spune lui Iosua să se descalțe că pământul din imediata lui apropiere e sfânt, lucru pe care Dumnezeu îl spusese lui Moise în urmă cu 40 de ani, când îi vorbise din tufișul cu foc.

Când Șadrac, Meșac și Abed-Nego erau în cuptor tot un Fiu de Dumnezeu stătea cu ei de vorbă printre flăcări. În fața îngerului, Maria a căzut la picioarele lui, Ioan a căzut ca și mort (Apocalipsa 1). Deci nu a fost nici Arhanghelul

Mihail, nici Arhanghelul Gavril, ci Hristos, Domnul nostru ce stătea în fața lui Iosua, care a învățat rapid că nu poți avea victorii până nu te predai. Lupta nu era a lui, era a Domnului și dacă până înainte cu câteva clipe se îngrijora cu privire la felul în care se vor bate pentru Ierihon, acum se bucura în avans întrebându-se în ce fel va câștiga Domnul victoria. Victoriile publice sunt câștigate în particular. Unele dintre cele mai frumoase lucruri de la Domnul le primești doar când ești tu cu El. Oriunde te întâlnești cu El este un pământ sfânt, nu numai în biserică sau în Ierusalim, ci și în umila ta bucătărie. Iacov s-a întâlnit cu Dumnezeu în singurătate, Moise, David, Ilie au fost specialiști în aceasta și invitația rămâne deschisă.

Dumnezeu îi dă un plan de luptă, iar cu planurile e o problemă. Fie că am planul meu și mă voi lupta ca să reușesc, fie că am planul meu și voi cere ca Dumnezeu să-l binecuvânteze, fie că cer planul Lui și o să ascult de ce-mi zice El.

Iosua n-a îndrăznit decât să vină cu o coală albă în fața lui Hristos „Scrie și eu voi asculta".

Iosua, în noaptea aceea, n-a fost mare, ci înalt, iar omul înalt din perspectiva biblică e cel care atunci când stă pe genunchi ajunge până la cer.

6

CĂDEREA ZIDURILOR

Pasaj de citit: Iosua 6

Iosua 6:14-20

¹⁴Au înconjurat cetatea o dată, a doua zi; apoi s-au întors în tabără. Au făcut același lucru timp de șase zile. ¹⁵În ziua a șaptea, s-au sculat în zorii zilei și au înconjurat în același fel cetatea de șapte ori; aceasta a fost singura zi când au înconjurat cetatea de șapte ori. ¹⁶A șaptea oară, pe când preoții sunau din trâmbițe, Iosua a zis poporului: „Strigați, căci Domnul v-a dat cetatea în mână! ¹⁷Cetatea să fie dată Domnului spre nimicire, ea și tot ce se află în ea, dar să lăsați cu viață pe curva Rahav și pe toți cei ce vor fi cu ea în casă, pentru că a ascuns pe solii pe care-i trimiseserăm noi. ¹⁸Feriți-vă numai de ceea ce va fi dat spre nimicire; căci, dacă veți lua ceva din ceea ce va fi dat spre nimicire, veți face ca tabăra lui Israel să fie dată spre nimicire și o veți nenoroci. ¹⁹Tot argintul și tot aurul, toate lucrurile de aramă și de fier să fie închinate Domnului și să intre în vistieria Domnului." ²⁰Poporul a scos strigăte și preoții au sunat din trâmbițe. Când a auzit poporul sunetul trâmbiței, a strigat tare, și zidul s-a prăbușit; poporul s-a suit în cetate, fiecare drept înainte. Au pus mâna pe cetate

Rămăseseră cu gurile căscate. Era primul oraş ce-l văzuseră până atunci. Şi ce oraş! Ziduri înalte de 50 de metri, late de 18, fiii lui Anac – nişte reptilieni ciudaţi erau înăuntru (Deuteronom 1:28) şi încă vreo 20.000 de oameni. Cea mai veche cetate a lumii şi cea mai mare. Ei, care în deşert văzuseră doar colibe, acum stăteau cu gurile deschise ca la dentist.

De ce n-au ocolit cetatea? Pentru că nu poţi permite să-ţi laşi duşmanul în spate.

Ce e Ierihonul? Un păcat care te bântuie şi nu poţi să ai victorii din cauza lui, poate o atitudine nesănătoasă, o relaţie nepotrivită, lipsa motivării, o persoană pe care nu o poţi ierta, un obicei rău, temperamentul, banii... Toţi avem un Ierihon în viaţa noastră şi nu avem decât două opţiuni, fie fugim de el, realizând mai târziu că şi el fuge după noi, fie cucerindu-l.

Planul primit de la Dumnezeu părea la fel de ciudat ca învârtitul în pustie 40 de ani. Ostaşii trebuiau să meargă în faţă (v. 3, 7) urmaţi de 7 preoţi care să sufle în trâmbiţe (v. 4) apoi urma chivotul (v. 4, 7), iar în urma chivotului restul poporului. Procesiunea trebuia să fie în marş în jurul Ierihonului o dată pe zi timp de 6 zile în tăcere absolută cu excepția trâmbițelor (v. 10). În a șaptea zi trebuiau să dea ocol cetății de 7 ori, apoi să strige din răsputeri. Deci 13 învârtite în total și zidurile trebuiau să pice. Acest plan nu are nimic de-a face cu strategia militară, ci doar cu disciplina militară. Ordinele nu se discută, ci se execută. Părea o nebunie. Era o nebunie. Nebunia lui Dumnezeu (1 Corinteni 1:25). Fără disciplină, răbdare (urâm să așteptăm de aceea ne îmbolnăvim de la cuptoarele cu microunde) și tăcere (6 zile au stat muți ca să nu răspundă insultelor dușmanilor și să nu se influențeze negativ unul pe altul) nu se pot câștiga luptele.

Nu știu dacă Iosua a avut credință sau numai ascultare oarbă, pentru că în Evrei 11, numele lui nu e pomenit între eroii credinței, ca Rahav bunăoară.

L-au lăudat pe Dumnezeu suflând din cornul de berbec folosit doar la sărbători, nu folosind trâmbițele de argint ale războiului. Au strigat tare, nu pentru că Dumnezeu e surd, dar strigătul paralizează dușmanul. De aceea la noi toarce liniștit pentru că toți dăm pe „mute" cântarea din pieptul nostru duminică dimineața.

Talmudul spune că a șaptea zi le-a luat timp de dimineața până seara să înconjoare Ierihonul de șapte ori.

Părea fără sens, dar poporul a ascultat întocmai. Iar când au strigat, nu știu ce-au strigat. „Aleluia", „ziduri, cădeți jos", „Glorie Lui", „Hosanna", dar cert este că a funcționat. Fiecare excavație arheologică a Ierihonului a determinat că la un moment dat în istoria lor a fost o distrugere catastrofală a orașului în care zidurile orașului nu s-au prăbușit în exterior, ci în interior, performanță uluitoare pentru legile fizicii.

Dacă înainte am văzut lanțul de comandă spiritual, acum îl vedem funcționând. Poporul a ascultat cu respect cuvântul lui Dumnezeu de la conducătorii lor, care la rândul lor l-au primit de la Dumnezeu. Unitatea și cooperarea sunt obligatorii atunci când trebuie obținută o victorie.

Orașul trebuia să fie apoi ars și oamenii din el uciși. Veți spune că Dumnezeu nu e drept, dar eu vă spun că Satana nu e drept. Spiritual se potrivește cel mai bine cinicul proverb: „Pe cine nu lași să moară, nu te lasă să trăiești".

Chiar în mijlocul focului, Dumnezeu a cruțat pe cei ce și-au pus nădejdea în el. Fiecare porțiune a zidurilor s-a prăbușit cu excepția bucății de zid de care se rezema casa cu firul cărămiziu la fereastră. Casa lui Rahav în care stăteau înghesuiți ea și familia ei. Aceasta ne învață că ori de câte ori Dumnezeu trimite o sentință de condamnare, El trimite întotdeauna și o ocazie pentru cineva care vrea să beneficieze de mila și harul Lui. Uneori oamenii spun cât de îngrozitor e Dumnezeu care a îngăduit să fie omorâți toți întâi născuții egiptenilor, dar uită că orice egiptean ar fi putut alege să sacrifice un miel de Paști, să ungă ușile cu sângele lui și să experimenteze mila lui Dumnezeu.

Lucru valabil și azi. Fiecare om are de ales să se încreadă în Dumnezeu, să-i guste mila sau să-L respingă și să-L întâlnească la judecată.

Ierihonul a căzut...Vom vedea mai târziu că uneori ne supunem lui Dumnezeu înainte de bătălie, dar nu Îl mai ascultăm după victorie.

Ierihonul a căzut...Pe măsură ce citim Faptele Apostolilor, vedem cum armata spirituală a lui Hristos a cucerit oraș după oraș prin credință. Chiar și puternicul oraș al Romei a căzut înaintea puterii Evangheliei. Atunci de ce nu cade Los Angelesul? Pentru că Biserica nu mai funcționează după principiile neschimbătoare ale lui Dumnezeu. Aici nu vorbim de cultură, de modernitate, de greutate suplimentară. Vorbim și credem că Dumnezeu nu se schimbă. Vedem în schimb obstacole tot mai multe, iar obstacolele sunt acele mici lucruri urâte pe care le vedem doar atunci când ne întoarcem privirea de la Domnul. Poruncile lui Dumnezeu sunt de fapt împuternicirile lui Dumnezeu, dar noi nu vedem puterea primită, ci doar porunca dată.

Ierihonul a căzut... Nimeni nu poate cuceri un oraș de unul singur. Nici preoții, nici purtătorii de chivot, nici militarii. Ori toți împreună, ori nimeni.

Ierihonul a căzut...Care e Ierihonul tău? Necredința privește în jur și spune: „Uitați-vă cât de mare e obstacolul ce ne stă în față". Credința privește toate obstacolele și spune: „Uite cât de mare e Dumnezeu".

Ierihonul a căzut...De ce au trebuit să dea ture în jurul Ierihonului în tăcere? Pentru ca fiecare dintre ei să-și dea seama că era absolut imposibil pentru ei să cucerească Ierihonul fără Dumnezeu. Treisprezece ture lungi, uitându-se la mutanții de pe ziduri îmbrăcați în fier. Dumnezeu i-a lăsat să mărșăluiască până când în fiecare din ei a murit speranța cuceririi prin forța proprie, fără miracolul lui Dumnezeu. Când au fost suficient de morți Dumnezeu a adus învierea, când prima piatră de pe zid a făcut cunoștință cu legea atracției universale.

Să nu-ți reconstruiești niciodată Ierihonul... Dumnezeu a blestemat Ierihonul și l-a pus pe Iosua să-l blesteme. Din cauza familiei lui Rahav care putea fi tentată să se reîntoarcă în Ierihon, ca israeliții ce cochetau cu întoarcerea în Egipt. Cel ce va reconstrui Ierihonul să-și piardă întâiul și ultimul născut (Iosua 6:26-27, Deuteronom 13:15-18).

Acest blestem a plutit în aer câteva sute de ani până când, în timpul domniei regelui Ahab, un om cu numele Hiel din Bethel a reconstruit Ierihonul și a rămas fără doi copii.

Dacă Hristos surpă un zid (Efeseni 2:14) să nu-l mai ridici pentru că îți vei aminti mereu de vechea viață și vei avea unde să te întorci, pentru că Dumnezeu nu va mai fi înălțat și cei de lângă tine nu vor mai vedea minunea și mai ales, îi vei împiedica și pe cei din spatele tău să ajungă în Canaan.

Ierihonul e pomenit în Noul Testament în multe locuri. Omul din pilda samariteanului mergea de la Ierusalim la Ierihon. Zacheu era din Ierihon și acolo a fost vindecat Bartimeu. Dar Ierihonul din Noul Testament nu era pe locul orașului dărâmat, ci într-o altă locație.

În Ierihonul vechi erau doar două cucuvele.

7

ACAN – PĂCATUL CARE DISTRUGE ŞI PE ALŢII

Pasaj de citit: Iosua 7 şi 8

Iosua 7:5-13

⁵Oamenii din Ai le-au omorât aproape treizeci şi şase de oameni; i-au urmărit de la poartă până la Şebarim şi i-au bătut la vale. Poporul a rămas încremenit şi cu inima moale ca apa. ⁶Iosua şi-a sfâşiat hainele şi s-a aruncat cu faţa la pământ până seara înaintea chivotului Domnului, el şi bătrânii lui Israel, şi şi-au presărat capul cu ţărână. ⁷Iosua a zis: „Ah! Doamne Dumnezeule, pentru ce ai trecut pe poporul acesta Iordanul, ca să ne dai în mâinile amoriţilor şi să ne prăpădeşti? De am fi ştiut să rămânem de cealaltă parte a Iordanului! ⁸Dar, Doamne, ce voi zice după ce Israel a dat dosul înaintea vrăjmaşilor lui? ⁹Canaaniţii şi toţi locuitorii ţării vor afla; ne vor înconjura şi ne vor şterge numele de pe pământ. Şi ce vei face Tu Numelui Tău celui mare?"
¹⁰Domnul a zis lui Iosua: „Scoală-te! Pentru ce stai culcat astfel pe faţa ta? ¹¹Israel a păcătuit; au călcat legământul Meu pe care li l-am dat, au luat din lucrurile date spre nimicire, le-au furat şi au minţit şi le-au ascuns printre lucrurile lor. ¹²De aceea copiii lui Israel nu pot să ţină piept vrăjmaşilor lor: vor da dosul în faţa vrăjmaşilor lor, căci sunt daţi spre nimicire; Eu nu voi mai fi cu voi dacă nu nimiciţi ce este dat spre nimicire din mijlocul vostru. ¹³Scoală-te, sfinţeşte poporul. Spune-le: 'Sfinţiţi-vă pentru mâine. Căci aşa zice Domnul Dumnezeul lui Israel: «În mijlocul tău este un lucru dat spre nimicire, Israele; nu vei putea să ţii piept vrăjmaşilor tăi până nu veţi scoate lucrul dat spre nimicire din mijlocul vostru.

După ce Ierihonul a căzut şi-a ars, iar Rahav şi neamul ei au scăpat, mai rămânea de bătut în imediata apropiere cetatea Ai, de fapt un sătuc mai mare, iar cetatea era un amestec de pământ şi crengi. Ai era parcă un loc de antrenament, o pradă uşoară, nici nu merg toţi, pleacă doar 3000 la luptă – iau o bătaie zdravănă şi 36 sunt lăsaţi morţi pe câmpul de luptă, iar poporul rămâne cu inima moale ca apa. Ai a fost pentru Israel ce a fost Vietnamul pentru americani şi Afganistanul pentru ruşi. Locul în care rămâi cu mintea în aer şi cu soldaţii în sicrie. Să pierzi pe mâna ta pentru că problema e cu apa din interiorul bărcii, nu cu cea din exterior.

Cum s-a ajuns aici? Cum a fost posibil ca după câteva zile după ce au trecut Iordanul pe uscat, iar Ierihonul a căzut în urma unui strigăt, avându-L pe Dumnezeu în mijlocul lor să fie bătuţi atât de amarnic?

Veţi zice, din cauza lui Acan. Nu numai şi acest nu numai trebuie să ne pună pe gânduri.

Erau în culmea gloriei şi credeau că Ierihonul fusese marea lor problemă. Uitaseră că Dumnezeu le spusese în Deuteronom 11:11 că "țara pe care o veți stăpâni e o țară cu munți și văi". Iar ei nu gustaseră încă valea. Au murit 36 de oameni. Nu mulți, dar singurii consemnați în cartea Iosua.

Calea spre dezastru...

Lipsa smereniei. Vedem în Iosua 7:1-3 niște îngâmfați care uitaseră cine dărâmase zidurile Ierihonului. Mândria merge înaintea căderii și observăm că suntem extrem de vulnerabili la ispita unor succese aparente. Aveau prezumția greșită că Dumnezeu e mereu cu ei închis în chivot, captiv în legămintele și promisiunile făcute. Promisiunile lui Dumnezeu sunt condiționate, iar ei deja ieșiseră pentru un timp din clauza națiunii celei mai favorizate. Au subestimat puterea vrășmașului și au supraestimat puterea lor. Ferice de cei săraci în duh, iar ei se îmbogățiseră peste noapte. Trecem munți și ne împiedicăm în pietre, traversăm înot oceane și ne înecăm într-un pahar de vin.

Lipsa participării. În Iosua 6:5 Dumnezeu le-a poruncit ca atunci când va suna trâmbița, tot poporul să scoată mari strigăte.

Și așa au făcut, tot poporul din toți plămânii. La Ai au plecat doar 3.000, restul au rămas în corturi și s-au uitat la meci sau și-au spălat ciorapii.

După ce-au primit bătaie, Iosua îi scoate pe toți de sub duș (Iosua 8:1) „Ia cu tine pe toți oamenii de război", dar pentru văduvele și mamele celor 36 era prea târziu, cât și pentru moralul celor 2.964 soldați rămași după prima expediție asupra Aiului.

„Căci, după cum trupul este unul și are multe mădulare și după cum toate mădularele trupului, măcar că sunt mai multe, sunt un singur trup, tot așa este și Hristos". „Și dacă suferea un mădular, toate mădularele suferă împreună cu el; dacă este prețuit un mădular, toate mădularele se bucură împreună cu el" (1 Corinteni 12:12, 26).

Dacă ar fi fost pe placul Domnului, conform Deuteronom 32:30, trebuiau să plece 3 la luptă (dacă 2 ar fi fost suficienți să pună pe fugă 10.000 de oameni). Dar ei nu erau.

Există doar două moduri de a fi uniți. Topiți împreună ca boabele de strugure ce fac mustul sau congelați împreună, ca heringii pe cântar plini de gheață și o dulce înfrățire.

Întotdeauna se poate și fără tine. Mai greu, mai cu lacrimi, mai cu înfrângeri pentru restul, pentru că urmarea lui Hristos se bazează pe sinergie.

Lipsa rugăciunii. Până în Iosua 7:7 nu s-au rugat (Iosua 7:4, 5), apoi după ce-au primit bătaie au devenit foarte rugativi.

Au uitat să-L consulte pe Dumnezeu. La Ierihon s-a rugat Iosua și a văzut îngeri, la Ai a trimis spioni și a văzut sicrie. S-a rugat ca un bun român întotdeauna după, când trebuia să o facă înainte. E boala adolescenților cu bicicletele ce-și pun casca pe cap după ce și-l sparg. Iosua și Israelul s-au încrezut în propriile forțe, când trebuiau să depindă în rugăciune doar de Dumnezeu și să se roage neîncetat (1 Tesaloniceni 5:17) atât pentru Ierihon, cât și pentru Ai.

Când a mers prima dată în căutarea Americii, Cristofor Columb s-a rugat neîncetat (lucru consemnat în jurnalul de bord), iar când a mers a doua oară nu s-a mai rugat – că avea deja coordonatele și a consultat doar busola.

Lipsa purității. Dumnezeu i-a trimis să lupte, nu să fure (Iosua 6:17, 18). Aici intră în scenă Acan, el a furat și o să vedem că a murit pentru asta, dar tot nu e o scuză pentru impardonabilele bâlbe.

Știți cum ajunge viermele în măr? Cu o insectă în floare. Pericolul vine întotdeauna din interior. Alexandru Macedon a întins imperiul lui în toată lumea și tot el l-a făcut praf din cauza plăcerii provocate de vinul dulce băut la cele mai nepotrivite ore. Troia a căzut datorită unui cadou otrăvit, constând într-un cal de lemn drăguț, alb și plin de greci păroși. Închiseseră porțile bine și calul necheza lemnos, aruncând rumeguș pe nări. Cele șapte biserici din Apocalipsa nu au fost zdrobite de persecuții, nici de turcii de după, ci de problemele din interior cauzate de tot felul de Izabele și Nicolai.

Cert este că după ce au luat bătaie și-au pierdut curajul, îi ajunge frica din tabăra adversă și îi contaminează. Cei din Ai își scriseseră deja testamentele și, după ce au văzut pe celebrii cuceritori ai Ierihonului că fug de ei, le-au rupt.

Și-au pierdut și mărturia. Erau hoți precum canaaniții și erau învinși tot ca ei (v. 8, 9).

Își pierduseră și credința (v. 7). De 40 de ani nu s-a îndoit Iosua, dar se îndoiește acum. De aceea ne-ai trecut Iordanul ca să ne omori în Țara Promisă? Lucrul acesta îl gândește și îl crede și stă cu fața la pământ înaintea Domnului.

Cum au biruit în cele din urmă? Au înțeles că victoria de ieri nu e asigurarea pentru victoria de azi, iar înfrângerea nu înseamnă sfârșitul.

„Scoală-te" (v. 10) îi poruncește Dumnezeu care nu tolerează descurajarea și-l întrerupe pe Iosua din rugăciune.

Nu există victorii facile, așa că cercetează-ți viața (v. 13), dă afară păcatul și Acan e scos din tabără și ucis. A avut o zi la dispoziție pentru mărturisire („Cine își ascunde fărădelegile nu propășește, dar cine le mărturisește și se lasă de ele capătă îndurare"). La Ierihon vedem bunătatea lui Dumnezeu, la Ai severitatea Lui.

Crede în promisiunile lui Dumnezeu. E dureros de citit că Dumnezeu i-a lăsat a doua zi să ia tot din Ai. De avea răbdare Acan încă o zi, ar fi avut câte mantale ar fi dorit.

Dar aceasta e justiția poetică a lui Dumnezeu. Mai bine să fii învins într-o cauză care într-o zi va triumfa, decât să câștigi într-o cauză ce într-o zi va eșua.

Și aceasta e o altă poveste.

8

PÂINEA CU MUCEGAI

Pasaj de citit: Iosua 9

Iosua 9:3-15

³Locuitorii din Gabaon, de partea lor, când au auzit ce făcuse Iosua Ierihonului și cetății Ai, ⁴au întrebuințat un vicleșug și au pornit la drum cu merinde pentru călătorie. Au luat niște saci vechi pe măgarii lor și niște burdufuri vechi pentru vin, rupte și cârpite, ⁵iar în picioare purtau încălțăminte veche și cârpită și erau îmbrăcați cu niște haine vechi pe ei, iar toată pâinea pe care o aveau pentru hrană era uscată și mucegăită. ⁶S-au dus la Iosua, în tabără la Ghilgal, și le-au zis lui și tuturor celor din Israel: „Noi venim dintr-o țară depărtată, acum deci faceți legământ cu noi." ⁷Bărbații lui Israel au răspuns heviților acestora: „Poate că voi locuiți în mijlocul nostru, cum să facem noi legământ cu voi?" ⁸Ei au zis lui Iosua: „Noi suntem robii tăi." Și Iosua le-a zis: „Cine sunteți voi și de unde veniți?" ⁹Ei i-au răspuns: „Robii tăi vin dintr-o țară foarte depărtată, pentru faima Domnului Dumnezeului tău, căci am auzit vorbindu-se de El, de tot ce a făcut în Egipt ¹⁰și de ce a făcut celor doi împărați ai amoriților dincolo de Iordan, lui Sihon, împăratul Hesbonului, și lui Og, împăratul Basanului, care era la Aștarot. ¹¹Și bătrânii noștri și toți locuitorii din țara noastră ne-au zis: 'Luați cu voi merinde pentru călătorie, duceți-vă înaintea lor și spuneți-le: «Noi suntem robii voștri; acum deci faceți legământ cu noi.»' ¹²Iată pâinea noastră: era caldă când am luat-o ca merinde de acasă, în ziua când am plecat să venim la voi, și acum s-a uscat și s-a mucegăit. ¹³Burdufurile acestea de vin, când le-am umplut, erau noi de tot și iată-le, s-au rupt; hainele și încălțămintea noastră s-au învechit de lungimea prea mare a drumului." ¹⁴Bărbații lui Israel au luat din merindele lor și n-au întrebat pe Domnul. ¹⁵Iosua a făcut pace cu ei și a încheiat un legământ prin care trebuia să-i lase cu viață, și căpeteniile adunării le-au jurat lucrul acesta.

Iosua plecase cu 30.000 ostaşi împotriva cetăţii Ai, dar nu a folosit decât 5.000 dintre ei. Cu o stenogramă ieftină, dar bazată pe IQ-ul scăzut a celor din cetate au omorât 12.000 oameni şi au ars oraşul ce fusese pentru ei o piatră grea de încercare. Au păstrat doar vitele şi lucrurile ce puteau fi vândute în talcioc şi au plecat lăsând în urma lor fum.

Când mai târziu a fost scris materialul din Iosua, dărâmăturile încă mai erau vizibile, dar azi sunt acoperite de nisip spre disperarea agenţiilor de turism. Împăratul din Ai a fost spânzurat şi apoi a fost acoperit şi el cu pietre. Din pietrele rămase de la parastas Iosua a zidit un altar la Ebal de unde s-au proferat blesteme pentru cei ce dau înapoi şi la Garizim de unde s-au citit binecuvântările aferente pentru cei ascultători.

În timp ce ei erau dedicaţi lucrurilor sfinte, împăraţii din Canaan au făcut o alianţă împotriva evreilor când şi-au dat seama că nu e de glumit cu Iosua şi ai lui. Întotdeauna binecuvântările şi bătăliile vin în acelaşi timp. Împăraţii Canaanului nu erau prieteni până atunci, dar s-au unit ca Irod cu Pillat împotriva lui Isus.

Dar un trib din Gabaon a hotărât să implementeze un alt plan, un atac prin înşelăciune. Şi i-au ispitit exact la Ghilgal, acolo unde evreii au avut clipe şi victorii frumoase.

Ierihonul e lumea. 1 Ioan 5:4 „Oricine e născut din Dumnezeu biruieşte lumea". Aiul e firea pământească, iar Gabaonul e Satan. Aici trebuie atenţie şi împotrivire (Iacov 4:7). Din păcate au căzut în plasă, iar capitolul 9 nu suferă o abordare simplistă şi va trebui să învăţăm ceva din amândouă taberele.

Primul lucru de neuitat e că trebuie să evităm să facem lucruri bune pe o cale rea. Şi-au dorit să trăiască şi să-şi vadă familiile în pace, dar dacă s-ar fi predat fără minciuni oricum ar fi fost cruţaţi. Au minţit că vin de departe, dar veneau numai de la 15 kilometri aducând cu ei recuzită de teatru din belşug, saci vechi, burdufuri crăpate, măgari bătrâni, adidaşi rupţi, haine mototolite, pâine mucegăită cu miros de penicilină. Parcă erau echipa lui Immortan Joe din Mad Max IV. Aşa au ajuns robi datorită recuzitei mincinoase. La Dumnezeu scopul nu scuză mijloacele.

Al doilea lucru de învăţat din nefericita întâmplare, când Iosua e păcălit ca un copil de un grup de gabaoniţi mucegăiţi, e că trebuie să te rogi înainte să iei o decizie. Iosua nu trebuia să încheie o alianță cu ei pentru că armata lui era mai puternică și mai informată decât celelalte armate. Dar Iosua funcționează aici prin vedere, nu prin credință. Când le-a văzut degetele de la picioare ieșind prin adidașii rupți a lăcrimat. La Ai a trimis spioni, era suspicios, aici nu. Doar în 9:7 are niște dubii, dar și acelea stinse repede. În momentul în care ai dubii înseamnă că e o problemă și păcatul lui Iosua e că nu a făcut alianța asta din încredințare deplină. Au verificat pâinea, au dat cu ea de pământ să vadă cât e de casantă, au verificat cât e de verde, au mirosit-o (v. 14), dar n-au întrebat pe Domnul ce e cu ea. Iar atunci când ne luăm după simțuri suntem sortiți eșecului din start. De era sfătosul Pavel prin zonă, i-ar fi spun lui Iosua ce avea să scrie bisericii din Tesalonic „Feriți-vă de tot ce vi se pare rău" – 1 Tesaloniceni 5:22.

E perimat deja sfatul de a nu lua decizii în pripă și rareori ținem cont de asta. În versetul 6 „acum deci faceți legământ cu noi" și acest „acum" trebuia să le dea de gândit fugarilor din Egipt. În versetul 11 apare din nou acest „acum" de parcă ar fi ars deșertul pâinea uscată. Nu îndulcești cu nimic situația dacă sub presiune te sfătuiești cu alții cum a făcut Iosua. Remediul este așteptarea. Minciuna a ținut 3 zile, deci atât ar fi avut de așteptat.

Nu luați decizii nici pe baza emoțiilor pentru că ele sunt incredibil de subiective. Bărbații sunt creați să gândească cu capul, nu cu inima. Dar ei au gândit ca protestantele cu batic de pe Facebook.

Niciodată să nu faceți alianțe cu Satana. Până nu crezi în Dumnezeu, ți se pare că nu există nici Diavol, dar când ai început să crezi vei vedea că există amândoi.

Sigur că pentru niște fugari singuratici, ideea alianțelor părea atrăgătoare. Nu mai era cafteală, morți, sânge și necazuri, dar ei aveau o poruncă ce prevedea simplu. Fără alianțe. Dar din păcate sâsâitul șarpelui e mai puternic decât răcnetul leului, iar Satana când trebuie se preface în înger de lumină pentru că el și-a păstrat garderoba cerească cum și-a păstrat vărul meu costumul de mire.

Pentru cine nu știe, scriu eu acum că Satana minte mai convingător decât spunem noi adevărul. El strecoară pâinea mucegăită a minciunii în căsătorie, afaceri, prieteni și cu atât e mai subtilă cu cât invocă numele Domnului. Lui nu-i e greu să facă oferte bune, să te laude, să-ți spună ce vrei să auzi câtă vreme e hotărât să-ți distrugă sufletul.

Mai învățăm din nefericita întâmplare că trebuie să-ți asumi deciziile chiar dacă nu-ți sunt favorabile. La ei probabil s-a gândit David când a zis că omul lui Dumnezeu nu-și ia vorba înapoi dacă face un jurământ în paguba lui (Psalmul 15), iar aici a fost pagubă din plin. Doar câteva zile mai târziu când împăratul Ierusalimului a hotărât să se bată cu gabaoniții, Iosua a trebuit să îi apere (10:3-4).

Cea mai mare pierdere însă a suferit-o un împărat frumos și nebun, pe nume Saul care a rupt legământul cu gabaoniții și astfel pentru a potoli mânia lui Dumnezeu, 7 fii ai împăratului au fost spânzurați (2 Samuel 21:1-6).

Mulți se căsătoresc în grabă la îndemnul Diavolului și apoi tot „Ucigă-l toaca" îi sfătuiește să divorțeze. Când au aflat israeliții că gabaoniții erau din Canaan au vrut să-și bată conducătorii la paușal cu gabaoniții. Apoi i-au cruțat și pe unii și pe alții. Pe căpetenii i-au trimis la popotă și pe gabaoniți la curățat cartofi. Acesta se numește spiritul practic evreiesc. Următorii ani gabaoniții au fost mai mult prin păduri, tăind lemne pentru focul altarului.

Doar ei și Rahav au avut un tratament special, deși au avut scop bun, dar metodele au fost discutabile.

Finalul poveștii cheamă la reflecție adâncă. Gabaoniții i-au ajutat pe evrei în închinare, chivotul când a fost în exil a stat la ei, David a avut soldați curajoși dintre gabaoniți, ce se luptau cu rudele lui Goliat. Când Ezra și Neemia au început să reconstruiască templul au fost printre primii la mistrie și lopată. Când Israelul a fost trecut prin foc și sabie au suferit deopotrivă cu ei. Au murit și-au fost duși în robie. Azi stau cu pistolul mitralieră atârnat de burtă și păzesc fâșia Gaza de palestinienii ce dau cu pietre după ei.

Și noi am fost gabaoniți. Cu mucegaiul după noi, umblând pe un pământ stricat cu Satana vânându-ne ca pe curcani. Dar am fost adoptați în familia lui Dumnezeu, am primit haine noi și adidași albi. Am primit de mâncare și un nume, nu ne mai e frică de dușman pentru că avem aliat pe Cel ce nu rupe niciun legământ. Numai noi putem ieși de sub umbrela binecuvântării și a protecției divine. Nici metodele prin care am ajuns în familia lui Dumnezeu nu sunt ortodoxe, pentru noi gabaoniți necurați a murit cel curat, Hristos. Dumnezeu pentru a fi milos cu noi a trebuit să fie nedrept cu Hristos.

Știu povestea unui chinez care în urmă cu 30 de ani avea un copil și soția lui a rămas iar însărcinată. Pentru cei cu doi copii soluția era să se mute la țară – nu să stea la oraș, așa hotărâse Partidul Comunist. Nu s-au impacientat – și-au făcut bagajele și ea a născut. De aici a început drama, a născut gemeni, deci aveau trei copii ceea ce era inadmisibil pentru partid. După lege, trebuia omorât unul dintre gemenii nou-născuți.

N-au făcut aşa şi-au spus că a născut doar unul şi doar unul era văzut pe stradă, dar ei se schimbau zilnic. O zi mergea unul la şcoală, altă zi mergea celălalt.

Dumnezeu e mai mare decât China şi mai bun decât Partidul Comunist Chinez. El ne primeşte pe toţi, are inimă pentru toţi şi are provizii pentru toţi în ciuda îngrijorării lui Bill Gates care mereu se teme ca nu cumva să moară de foame. Ajunge şi pământ şi cer pentru toată lumea – şi pentru gabaoniţi... Iar penicilina s-a dovedit istoric că a fost bună uneori...

9

NU VA APUNE SOARELE

Pasaj de citit: Iosua 10

Iosua 10:5-14

⁵Cei cinci împărați ai amoriților: împăratul Ierusalimului, împăratul Hebronului, împăratul Iarmutului, împăratul Lachisului și împăratul Eglonului, s-au adunat astfel și s-au suit împreună cu toate oștile lor; au venit și au tăbărât lângă Gabaon și au început să lupte împotriva lui. ⁶Oamenii din Gabaon au trimis să spună lui Iosua, în tabăra din Ghilgal: „Nu părăsi pe robii tăi, suie-te la noi în grabă, izbăvește-ne, dă-ne ajutor, căci toți împărații amoriților care locuiesc pe munte s-au strâns împotriva noastră." ⁷Iosua s-a suit din Ghilgal, el și toți oamenii de război cu el și toți cei viteji. 8Domnul a zis lui Iosua: „Nu te teme de ei, căci îi dau în mâinile tale și niciunul din ei nu va putea să stea împotriva ta." ⁹Iosua a venit fără veste peste ei, după ce a mers toată noaptea de la Ghilgal. ¹⁰Domnul i-a pus în învălmășeală dinaintea lui Israel; și Israel le-a pricinuit o mare înfrângere la Gabaon, i-a urmărit pe drumul care suie la Bet-Horon și i-a bătut până la Azeca și până la Macheda.

Sunt zile lungi... Când tata îți spune la amiază „lasă că rezolvăm noi problemele deseară". Când aștepți înfrigurat rezultatul analizelor, când nu mai sosește un telefon a celui ce-ți poate da banii de care ai nevoie, când seara trebuie să afli dacă mișcarea din uter e un copil normal sau nu.

Sunt nopți lungi... Cu Stilnoxul ce nu mai face față în timp ce numeri oile lui Gigi Becali, iar Moș Ene nu mai aleargă pe la gene, stând în poziția Lotus pe veioză.

Există un apus de soare de care se temeau... Când soarele păcii, bucuriei, belșugului, sănătății, pocăinței se îmbracă în pijama și se pregătește de culcare.

Herodot povestea că egiptenii au avut o zi lungă în istorie. Avem mărturii vechi de la azteci, babiloneni, chinezi contemporani cu Iosua că au avut fie o zi lungă, fie o noapte lungă. Dumnezeu a încetinit rotația pământului sau a soarelui, spun alții. Problema rămâne deschisă, dar rezultatul a fost același, o zi dublă sau o noapte dublă.

Poate Dumnezeu să intervină în legile naturii? Nu există legi ale naturii, ci doar ale lui

Dumnezeu pentru că El le-a creat pe toate, toate i se supun lui și El poate să le întrerupă sau să le anuleze fără să genereze probleme etice.

Mai ales când Îl roagă cineva care luptă pentru El. Iar Iosua cerea mult pentru că așa știa el că e onorat Dumnezeu – cu cereri mari pentru om, dar nesemnificative pentru Dumnezeu. Iar Dumnezeu a plecat la serviciu lăsând de dragul generalului lumina aprinsă în debara.

Nu va apune soarele când spun cei de la meteo, ci când vrea Dumnezeu.

Nu va apune soarele câtă vreme mai există o promisiune pe care Dumnezeu trebuie să o onoreze.

În 10:8, Dumnezeu promisese lui Iosua că va da pe cei cinci împărați ai amoriților ce au atacat Gabaonul în mâinile evreului. „Niciunul din ei nu va putea sta împotriva ta", iar când Dumnezeu promite ceva e ca rezolvat.

În Deuteronom 1:27-31 Dumnezeu le aducea aminte de desele cârtiri cu același mesaj. Ne-ai scos din Egipt ca să ne dai pe mâna amoriților, iar Domnul le promitea mereu că El însuși va lupta pentru ei. Deși păcătuiseră prin cârtire, Dumnezeu se ține de cuvânt pentru că nu există în Sfânta Scriptură promisiune pe care Dumnezeu să nu și-o fi onorat.

Dușmanii lor erau cinci cetăți cu cinci popoare și trebuiau să fie cinci războaie. Dar s-au unit toți într-o veselie și astfel a fost un singur război pe care l-au pierdut rapid. Războiul a fost un război contra gabaoniților la început care au fost urâți pentru tratatul încheiat cu Israel. Iosua nu-i abandonează însă, deși gabaoniții îl dezamăgiseră, iar calea lor de intrare în grațiile lui Dumnezeu nu fusese prea ortodoxă. Dar și Hristos face mereu cu noi asta. Nu ne abandonează, deși și noi L-am dezamăgit de atâtea ori.

Au mărșăluit 40 de kilometri în noapte, de fapt au avut parte de un maraton de noapte, iar spre dimineață au ajuns obosiți și așa s-au pus pe păruială. Inamicii erau mulți, ei obosiți, iar soarele cobora spre Vest. Știau promisiunea Domnului, dar le era frică de noapte. Aici era nevoie de credință, iar credința nu e altceva decât să stai ferm în picioare pe promisiunile lui Dumnezeu.

Nu a fost un război clasic de linie, a fost mai mult o fugă iepurească prin toate cotloanele, pajiștile și dealurile aferente, iar această urmărire a întârziat planul unei lupte pe zi.

Era clar că Iosua era adept al teoriei pământului plat, prieten la cataramă cu Ptolemeu și dușman cu Copernic. De aceea a rugat pe Dumnezeu să oprească soarele și nu pământul, lucru pe care Martin Luther l-a folosit atunci când l-a criticat aspru pe Copernic numindu-l „nebun".

Personal aş vrea ca toate planetele şi mai ales soarele şi luna să se rotească zglobiu în jurul pământului. Am fi mai semnificativi în universul acesta şi mai cu speranţă. Copernic ne-a furat privilegiul de a fi buricul universului şi-au mai pierdut semnificaţia. Dar când am citit că Giordano Bruno a susţinut că nici Copernic nu are dreptate, că se poate şi mai rău, adică soarele nu e centrul universului, ci una din nenumăratele stele, m-am umplut de ridicol şi spaimă. O planetă minusculă ce se învârte dezinvolt undeva la o margine de univers pe care trăiesc 7 miliarde de depresivi anxioşi şi nesemnificativi. Ce este omul să-l bagi în seamă? Ce e pământul acesta în care s-a implântat verticala crucii lui Hristos?

Singurul câştig din expulzarea planetei noastre la coada clasamentului e că ni-l face mai mare pe Dumnezeu şi mai de necuprins teologic iubirea Lui. Cu cât planete mai multe, cu atât un Creator mai mare.

Dar sunt convins că atunci când alerga cu ciomagul după un amorit prin văgăuni, Iosua transpirat şi înfricoşat nu-şi făcea probleme de Ptolemeu, Galilei, Copernic şi Bruno. El voia doar să se oprească soarele, chiar dacă Dumnezeu promisese lui Noe când a coborât din dulapul plutitor că atâta timp cât va fi pământul nu va înceta ziua şi noaptea (Geneza 8:22).

Nu va apune soarele câtă vreme mai este o putere pe care Dumnezeu să şi-o arate.

Când amoriţii s-au pus temeinic pe fugă, înainte ca Dumnezeu să umble la butoanele de oprit soare sau pământ a trimis în capul duşmanilor o grindină sănătoasă care a făcut mai multe victime decât săbiile evreilor.

Dumnezeu a ascultat glasul unui om pentru că încă mai erau duşmani în viaţă şi Dumnezeu trebuia să-i facă pe israeliţi de temut.

Amoriţii i-au atacat pe gabaoniţi, adică pe cei noi veniţi în turmă aşa cum Satan o face cu cei întorşi curând la Domnul. Dumnezeu va face mai mult decât putem noi face pentru binele nostru. După ce i-au căsăpit pe duşmani au descoperit că cei cinci împăraţi se ascunseseră într-o peşteră. Cele cinci păcate ce formează bordul de conducere al duşmanilor noştri. Mândria, egoismul, invidia, pofta şi mânia. Sunt greu de ucis pentru că de obicei se ascund în peştera sufletului.

Cum să biruim împăraţii aceştia? Iosua ne dă o lecţie practică pentru a avea biruinţă asupra păcatului care te domină cel mai mult, lucrând ascuns din interior.

Confruntă-te cu păcatul, scoate-l din peşteră „Veniţi în faţa mea" le-a poruncit Iosua. Ne este tare frică de întâlnirea aceasta, dar e obligatoriu să stai faţă în faţă cu duşmanul.

Cucereşte-l. Le-a pus piciorul pe grumaz şi apoi i-a spânzurat. Aici nu a mai fost vorba de niciun armistiţiu „nici milă, nici amânare".

Toţi slujitorii lui Iosua au pus piciorul pe grumazul învinşilor, deoarece fiecare are duşmanul lui şi fiecare are nevoie de victoria lui. Apoi, aici se introduce şi ideea de echipă, de parteneriat. Dacă am fost împreună la luptă, să fim împreună şi la victorie. Iosua le profeţeşte că victoria din ziua aceea nu a fost un accident, ci va fi un mod de viaţă dacă sunt hotărâţi să-L facă pe Dumnezeu ghidul vieţii lui. Cei mai mari duşmani spirituali ai noştri nu pot fi ucişi decât printr-o cooperare divino-umană. Dacă pe unii i-au răpus cu sabia şi bâta, dacă pe alţii i-a prăpădit Dumnezeu cu grindina, căpeteniile au fost anihilate prin voinţa lui Dumnezeu şi ştreangul lui Iosua. Astfel că determinarea, voinţa, postul, rugăciunea, încrederea în Dumnezeu şi cooperarea pe verticală şi orizontală sunt aducătoare de victorii.

Nu va apune soarele câtă vreme mai este o rugăciune pe care Dumnezeu trebuie să o audă.

Dumnezeu a fost onorat de o cerere tupeistă şi mare. A fost o rugăciune cu greutate ca a lui Ilie după ce a saturat jertfa cu apă şi apoi a cerut foc.

Există vreun secret? Orarul. Să-ţi faci timp ca 20 de minute să vorbeşti cu Dumnezeu, 20 de minute să vorbească Dumnezeu cu tine şi 20 de minute să vorbeşti altora despre Dumnezeu. Atunci intri în clubul prietenilor selecţi ai lui Dumnezeu pentru care El face orice. Chiar să şi oprească soarele. Sau pământul...

Dacă soarele e centrul mini-universului nostru, de ce Dumnezeu a făcut prima dată pământul şi apoi soarele? Pentru că pe pământ avea să planteze omul, visul şi coşmarul Lui. Deci pământul e centrul universului şi nu mai contează dacă e plat sau rotund, dacă se mişcă sau nu...

10

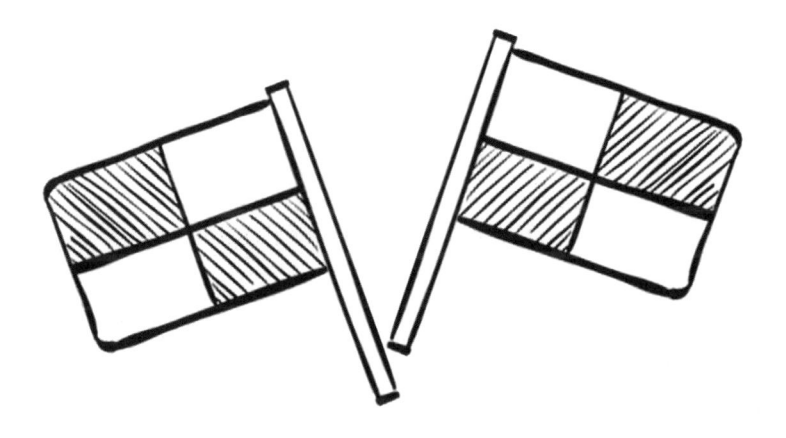

PÂNĂ LA CAPĂT

Pasaj de citit: Iosua 11, 12 și 13

Iosua 11:18-23

¹⁸Războiul pe care l-a purtat Iosua împotriva tuturor acestor împăraţi a ţinut multă vreme. ¹⁹N-a rămas nicio cetate care să fi făcut pace cu copiii lui Israel, afară de heviţi, care locuiau în Gabaon; pe toate le-au luat prin luptă. ²⁰Căci Domnul a îngăduit ca popoarele acelea să-şi împietrească inima şi să lupte împotriva lui Israel, pentru ca Israel să le nimicească cu desăvârşire, fără să aibă milă de ele, şi să le nimicească, după cum poruncise lui Moise Domnul. ²¹În acelaşi timp, Iosua a pornit şi a nimicit pe anachimi, din muntele Hebronului, din Debir, din Anab, din tot muntele lui Iuda şi din tot muntele lui Israel; Iosua i-a nimicit cu desăvârşire, împreună cu cetăţile lor. ²²N-au rămas deloc anachimi în ţara copiilor lui Israel; n-au rămas decât la Gaza, la Gat şi la Asdod. ²³Iosua a pus stăpânire deci pe toată ţara, potrivit cu tot ce spusese lui Moise Domnul. şi Iosua a dat-o de moştenire lui Israel, fiecăruia i-a dat partea lui, după seminţiile lor. Apoi ţara s-a odihnit de război.

Atunci când Dumnezeu dă un teritoriu spiritual de cucerit există ispita de a termina prea devreme lupta. Principiul perseverenței este important în toate domeniile vieții. E mare lucru să începi ceva, dar și mai mare lucru este să termini. Luptele pentru cucerirea Canaanului sunt condensate în două capitole (10 și 11), care pot fi citite lejer în 10 minute, dar ele prezintă evenimente ce s-au derulat în timp. „Războiul pe care l-a purtat Iosua împotriva acestor împărați a ținut multă vreme" (v. 18). Deși au fost victorii rapide și uimitoare, lupta a ținut aproximativ șapte ani. Întotdeauna avangarda înaintează mult mai rapid decât trupele necombatante – cele de geniu. Nu trebuie numai cucerire, ci și consolidare.

Au fost trei mari lupte pentru cucerirea Canaanului. Cea de la Ierihon, cea de la Ai și cea de la Gabaon. Iosua se confruntă aici cu mai mulți regi ce aveau mai multe armate superioare ca număr și armament. Josephus Flavius scrie că forțele combinate ale canaaniților numărau 300.000 infanteriști, 100.000 călăreți și 20.000 care de luptă. Chiar dacă Josephus Flavius e recunoscut pentru exagerările lui, Biblia zice că au fost mulți oameni „popor fără număr, ca nisipul de pe marginea mării" (v. 4). Dacă Iosua se teme de mărimea și armamentul vrășmașului, el are în compensație promisiunea lui Dumnezeu. „Nu te teme de ei, căci mâine îi voi da bătuți pe toți înaintea lui Israel" (v. 6), iar ei i-au bătut până nu a rămas nimeni în viață (v. 8).

Când au obținut victoria le-au ucis caii și le-au aprins carele, nimicindu-le capacitatea viitoare de ripostă. Era prea periculos să fi lăsat caii și carele în uz pentru că exista ispita să-și pună încrederea în ele mai târziu. Unii se biruiesc pe caii și carele lor, dar noi ne bizuim pe numele Domnului (Psalmul 20:7). Și ca să nu fie ispita mâine, mai bine ucidem caii azi.

Iosua demonstrează că nu-i reticent să accepte noi provocări cu care să se confrunte. De obicei ne retragem atunci când dăm de sol greu, când apar noi drumuri înaintea noastră. Dar în fața noastră e Domnul care ne ajută să nu cădem nici de oboseală, nici în ispita de a ne tolăni la umbra unui smochin. Pentru că trebuia să fi fost o ispită constantă pe israeliți. Să se așeze confortabil în zonele deja cucerite, bucurându-se de pășunile, livezile și terenurile agricole ospitaliere. Dar premiul încă mai trebuia așteptat.

Orice drum pare la început ușor – chiar și un maraton. De aceea sunt sute de oameni ce pornesc la drum atunci când se dă startul. Problema e că suntem vulnerabili în fața oboselii, nu suntem roboți, ci oameni din carne ce obosește. Cuceririle la preț de chilipir scot din ecuație munca de uzură din spate. În lumea lucrurilor instant orice întârziere a trenului de mare viteză care este viața enervează.

Apoi vine frica. Frica de necunoscut, frica de fricile mai vechi, frica de a eșua, frica de a nu mai avea consimțământul celorlalți în toate. În toată expediția aceasta de cucerire frica numărul unu au fost anachimii, acei uriași pe care i-au văzut iscoadele trimise în Canaan cu mulți ani în urmă. Din cei ce îi văzuseră la început mai rămăseseră Iosua și Caleb, dar poveștile despre ei circulau din gură în gură la toate focurile din tabără, umflându-li-se cu fiecare poveste mărimea și ferocitatea.

Anachimii îi priveau ca pe niște lăcuste care însă crescuseră și ele în proporții.

Sunt convins că auziseră și ei isprăvile de la Ierihon, Ai, Gabaon și nici lor nu li se părea floare la ureche o cafteală cu evreii.

În „Călătoria peregrinului", John Bunyan descrie momentul în care creștinul a ajuns la Palatul cel Frumos unde speră să se cazeze. A început să meargă pe o potecă îngustă, unde s-a întâlnit cu doi lei ce îi stăteau în drum. Ce nu a văzut el atunci de groază e că leii erau legați cu lanțuri. Frica nu vede niciodată legăturile cu care sunt legați monștrii ce par a voi să ne distrugă viața. Hristos stă la dreapta Tatălui, cu mult mai presus decât orice autoritate și stăpânire și are totul sub picioare.

Interesant că Iosua i-a bătut ușor, mult mai ușor decât s-au așteptat cu toții. Biblia trece repede peste bătălia și victoria aferentă (v. 21, 22) – cam două jumătăți de verset, ca semn că Dumnezeu a fost implicat total și nu mai era nevoie de ode pentru victorioșii soldați.

Când situația e fără speranță e timpul credinței, dar nu există situație fără speranță pentru cineva care se încrede în Dumnezeu. Problema este că înainte de a apela la Dumnezeu, atunci când avem probleme, deschidem o listă lungă cu oameni sau mijloace în care ne punem nădejdea.

Următorul pas este că ei ne înșală așteptările și atunci noi cădem în depresie și ne punem în pat în poziția lotus. Urmează un timp de analiză, smerenie și repoziționare. Strigăm la Dumnezeu, situația se luminează, victoria vine imediat. Ne bucurăm și uităm repede cine ne-a ajutat. Încrezători, așteptăm un alt necaz. Această nesfârșită roată se numește la mulți viața de creștin, deși e clar ca albastrul ochilor de anachim că nu este.

Povestea se sfârşeşte frumos doar în parte. În versetul 23 aflăm că în sfârşit ţara s-a odihnit de război. O binecuvântată odihnă, un repaus în care Iosua avea să împartă pământul metru cu metru. Nu prea s-au certat pe pământ ca în „Ion" a lui Rebreanu şi sedentarizarea nu s-a dovedit neapărat un lucru bun. Însă, nici nomad nu poţi fi toată viaţa. De aici încolo urmează altă luptă. Nu de cucerire, ci de a apăra ceea ce ai luat în posesie. E situaţia tragică de azi în bisericile noastre, când lupta pentru moştenirea spirituală oboseşte sufletul şi duhul şi nu mai avem putere să mai visăm la cucerirea unor noi terenuri. Aşa a murit încet, încet evanghelizarea în ultimii ani. Când erau săraci apărau oasele lui Iosif, adică ceva spiritual, iar când au avut pământ îşi apărau grâul, ca mai târziu Ghedeon.

Mai rămâne în aer problema anachimilor care au rămas în viaţă la Gaza, Gat şi Asdod. Versetul 22 zice că n-au mai rămas în viaţă în ţară decât în cele trei localităţi. La atâta victorie o enclavă e nesemnificativă, dar istoria spune că situaţia s-a cangrenat. Vedem uriaşii înmulţindu-se, stându-le în coastă evreilor sute de ani mai târziu. David avea să se confrunte cu ei şi la tinereţe şi la bătrâneţe. Goliat a fost un nepot al unei bătălii neisprăvite, iar David a murit şi tot nu a rezolvat problema, nici el şi nici pacifistul de copil pe care l-a avut, care avea alţi uriaşi de ucis.

În capitolul 13:1, Iosua era bătrân şi Dumnezeu îi spune că ţara care-i mai rămâne de supus e foarte mare. Istoria lui Israel e istoria unui popor ales ce nu a reuşit niciodată să termine un lucru, să-l ducă până la capăt. De aceea îl aşteaptă şi azi pe Mesia într-o ţară în care stăpânesc cam o treime din pământul pe care au carte funciară, într-o ţară în care aproximativ un sfert mai cred în Dumnezeu. Până la urmă, după 3000 de ani, anachimii se pare că i-au anihilat.

Până la capăt. Orice oprire e periculoasă. Au fost mai interesaţi să-l omoare pe Balaam (13:22), decât să asculte de Domnul în totalitate.

De aceea azi Mossad-ul lor e imbatabil...

11

MAI BINE UN CÂINE VIU

Pasaj de citit: Iosua 14, 15 și 16

Iosua 14:5-11

⁵Copiii lui Israel au făcut întocmai după poruncile pe care le dăduse lui Moise Domnul şi au împărţit ţara. ⁶Fiii lui Iuda s-au apropiat de Iosua la Ghilgal; şi Caleb, fiul lui Iefune, Chenizitul, i-a zis: „Ştii ce a spus Domnul lui Moise, omul lui Dumnezeu, cu privire la mine şi cu privire la tine, la Cades-Barnea. ⁷Eram în vârstă de patruzeci de ani când m-a trimis Moise, robul Domnului, din Cades-Barnea, ca să iscodesc ţara, şi i-am adus ştiri aşa cum îmi spunea inima mea curată. ⁸Fraţii mei care se suiseră împreună cu mine au tăiat inima poporului, dar eu am urmat în totul calea Domnului Dumnezeului meu. ⁹Şi în ziua aceea, Moise a jurat şi a zis: 'Ţara în care a călcat piciorul tău va fi moştenirea ta pe vecie, pentru tine şi pentru copiii tăi, pentru că ai urmat în totul voia Domnului Dumnezeului meu.' ¹⁰Acum iată că Domnul m-a ţinut în viaţă, cum a spus. Sunt patruzeci şi cinci de ani de când vorbea Domnul astfel lui Moise, când umbla Israel prin pustie, şi acum iată că azi sunt în vârstă de optzeci şi cinci de ani. ¹¹Şi astăzi, sunt tot aşa de tare ca în ziua când m-a trimis Moise; am tot atâta putere cât aveam atunci, fie pentru luptă, fie pentru ca să merg în fruntea voastră.

Avea 85 de ani când îşi făurea vise colorate pentru viitor. La 40 de ani, Dumnezeu îi promisese o proprietate zdravănă în ţara cu miere şi lapte şi nu uitase ce-i promisese Domnul şi când a fost vremea pentru a împărţi pământul, s-a dus glonţ la Iosua şi şi-a revendicat teritoriul. O putem numi perseverenţă, încredere, memorie bună, dar Dumnezeu ne învaţă o lecţie importantă prin Caleb. Când cerul îţi face o promisiune, să nu uiţi de ea niciodată. Avem în Sfânta Scriptură 7.457 promisiuni pe care le poţi revendica. Atâta vreme cât nici măcar nu le cunoşti, nu poţi pune vina pe Dumnezeu că trăieşti ca un boschetar în toate domeniile. De aceea Satana nu vrea să citim Biblia, ca nu cumva să auzim ce lucruri minunate a pregătit Dumnezeu pentru noi şi crezând, să devenim bogaţi din toate punctele de vedere.

Apoi mai este şi riscul de a le cunoaşte, dar a crede că sunt pentru alţii sau pur şi simplu nu le-ai revendica ca şi cum ai câştiga la loto, dar să nu te duci să-ţi iei banii. Când citeşti despre o promisiune a Bibliei şi crezi că-i pentru tine, să o ceri cu tupeu și umilință chiar dacă ar fi să aștepți 45 de ani pentru asta.

Când îl urmezi pe Dumnezeu din toată inima, nu te vei retrage niciodată din slujirea Lui.

Dumnezeu avea nevoie de doi octogenari pentru a termina de împărțit Canaanul. Puteau zice și ei că sunt bătrâni, putea să zică și Dumnezeu asta. Dumnezeu nu numai că a păstrat promisiunea pentru omul Lui, ci a păstrat și omul pentru promisiune.

Noi vedem viața ca o scară dublă: la tinerețe urcăm, la patruzeci de ani coborâm pe cealaltă parte a scării și o facem mult mai repede sau de-a berbeleacul chiar. La 85 de ani, Caleb se bătea zilnic cu uriașii lui Anac ca să se țină în formă, pentru că cei sădiți în Casa Domnului înverzesc în curțile Lui și aduc roade și la bătrânețe, fiind plini de suc verde – un fel de Sprite adevărat și nu un ceai călău.

Mulți dintre noi lucrăm în tot felul de locuri de muncă ce ne permit să ne pensionăm după un număr de ani și să stăm pe bancă, jucând șah cu alți îndelung răbdători în a aștepta poștașul.

Numele Caleb înseamnă câine și așa l-a urmat pe Domnul din toată inima – ca un câine. Dacă nu-L urmezi pe Domnul din toată inima, înseamnă că inima ta funcționează rău. Înseamnă că ești bolnav de inimă. Slujirea lui

Hristos nu este o slujbă, este o vocație, iar de la vocație nu se poate lua vacanță. Secretul slujirii și la bătrânețe este disponibilitatea, pentru că Dumnezeu nu cere nici examen medical, nici probă de efort pentru slujire. De obicei, în România, dacă ai rămas la cincizeci de ani fără serviciu, nu te mai angajează nimeni, iar în țările musulmane nici ostatic nu te mai ia.

Foarte mulți nu înțeleg că viața creștină nu e un sprint, ci un maraton unde nu câștigă cel ce fuge mai repede, ci cel ce termină cursa. Există nenumărate locuri de muncă în Împărăție, așa că nu există scuze pentru șomaj. Erau doi bătrâni în lojă la Păpușile Muppets – acri și clevetitori care nu făceau altceva decât să critice orice episod și personaj din show. Erau suportabili pentru că erau o minoritate insignifiantă. Azi sunt majoritari și sunt de toate vârstele. Caleb a învățat atât în Egipt cât și în pustie că în viață atitudinea face diferența.

A fost un soldat curajos și la 40 de ani ca și la 85. Dormea îmbrăcat cu căciula în cap și sabia în mână, gata oricând de cafteală.

Era curajos și curajul nu-i absența fricii, ci acea capacitate de a înfrunta temerile și de a continua să mergi înainte. Curajul este singurul care știe cât de frică îți este. Când lupți în puterea lui Dumnezeu nu te vei retrage niciodată din fața inamicului.

Unul dintre cei mai mari dușmani ai noștri este complexul de lăcustă. Când, la începutul peregrinării prin deșert, au trimis în Canaan 12 iscoade, aceștia au venit cu două rapoarte. Zece dintre ei au spus că locuitorii Canaanului sunt toți niște uriași pe lângă care israeliții sunt niște lăcuste. Erau deja paralizați și învinși în mintea lor, incapabili de ripostă. (Numeri 13:13). Interesant a fost că Rahav le-a povestit că cei din Canaan tremurau și ei la rândul lor cu gândul la vitejii fugari din Egipt. Probabil că cei din Țara Promisă auziseră cum îi jefuiseră pe egipteni în noaptea de dinaintea fugii.

Numai rușii mai târziu au mai realizat asemenea frumoase și înălțătoare performanțe.

Dacă tot îți repeți mereu că n-ai să reușești până la urmă ai să crezi asta și anesteziat fiind, îți vei atinge obiectivul de a rata ținta. Caleb nu a negat că există uriași, dar a spus că acești uriași pot deveni pâine pentru ei (Numeri 14:9). Nu ca să-i mănânce, ci ca să-i înhame la pluguri și să facă din ei utilaje productive. Cele zece iscoade speriate s-au comparat cu canaaniții și nu le-a dat bine măsurătoarea, dar Caleb a comparat uriașii cu Dumnezeu și lui i-au ieșit socotelile foarte bine.

Un alt dușman care trebuie biruit se află în noi. Un amestec de mândrie, îngrijorare, mânie, comoditate, toate mixate în mojarul minții ce refuză regenerarea. Peste toate acestea frica și de aceea trebuie să înțelegem că atunci când lupți în puterea Domnului, vei fi dispus să ataci iadul cu pistoale de apă. Acesta e secretul. Să folosești puterea Lui, toată armura din Efeseni 6:10-11. Cu forța ta în fața lui Satan ești ca o pisică sfioasă, dar când depinzi de puterea lui Dumnezeu, ai toată puterea Leului din Iuda. Poate te confrunți cu un viitor incert și poate părea că victoria e imposibil de obținut, dar să nu uitați că în vocabularul lui Dumnezeu nu există cuvântul „imposibil". „Pot totul în Hristos" (Filipeni 4:13) deviză suficientă pentru o viață fără înfrângeri.

Și apoi să nu uităm că atitudinea ta poate fi o binecuvântare sau un blestem și pentru ceilalți. Din cauza celor 10 a suferit 40 de ani întreg poporul, iar colegii lor de generație au sfârșit-o sub nisipul încins al pustiei.

A fost Caleb un om al păcii. Când poporul a vrut să-l omoare pe Moise, a făcut scut în fața bătrânului și apoi a potolit poporul furios.

Pentru mulți e mai ușor să arunce benzină pe foc, decât apă, dar Caleb nu cunoștea proprietățile benzinei. Fericiți făcătorii de pace că ei fiii lui Dumnezeu se vor chema (Matei 5), iar Pavel spunea că Dumnezeu e onorat de cererile noastre mari. Caleb a primit un munte de la Cel Atotputernic și nu l-a ținut doar pentru el. Când fiica lui, Acsa, i-a cerut zestre, i-a dat și izvoarele de sus și izvoarele de jos, mai ales că a fost mulțumit de faptul că fata lui se căsătorea cu un luptător, și nu cu un bombardier epilat, cu gleznele pe-afară și cu barbă de hipster (Iosua 15:14-19).

Clar a fost însuflețit de un alt duh și a avut o inimă frumoasă. „Am adus știri așa cum îmi spunea inima mea curată" (Iosua 14:7). A avut credință, credință ce uită trecutul, înțelege realitatea și influențează viitorul.

Secretul vieții lui?

Ce a spus el despre el? „dar eu am urmat în totul calea Domnului" 14:8.

Ce a spus Moise despre el? „a urmat în totul voia Domnului" 14:9.

Ce a spus Dumnezeu despre el? „a urmat în totul calea Domnului" 14:14 .

S-a născut sclav și a murit erou. „Mai mult face un câine viu decât un leu mort (Eclesiastul 9:4). A fost credincios ca un câine viu și a fost curajos ca un leu viu. Prin Farez (Matei 1:3) e în linia mesianică (1 Cronici 2:5), iar 40 de ani în pustiu a visat un strugure mare și uriași mici.

Caleb, câinele Domnului...

12

A DOUA OPRIRE

Pasaj de citit: Iosua 17, 18 și 19

Iosua 17:11-18

¹¹Manase stăpânea în Isahar și în Așer: Bet-Șean cu satele lui, Ibleam cu satele lui, locuitorii Dorului cu satele lui, locuitorii din En-Dor cu satele lui, locuitorii din Taanac cu satele lui și locuitorii din Meghido cu satele lui, cele trei înălțimi. ¹²Fiii lui Manase n-au putut să izgonească pe locuitorii din aceste cetăți, și canaaniții au izbutit astfel să rămână în țara aceasta. ¹³Când copiii lui Israel au fost destul de tari, au supus pe canaaniți la un bir, dar nu i-au izgonit. ¹⁴Fiii lui Iosif au vorbit lui Iosua și i-au zis: „Pentru ce ne-ai dat de moștenire numai un sorț și numai o parte, când noi suntem un popor mare la număr și Domnul ne-a binecuvântat până acum?" ¹⁵Iosua le-a zis: „Dacă sunteți un popor mare la număr, suiți-vă în pădure și tăiați-o, ca să vă faceți loc în țara fereziților și a refaimiților, fiindcă muntele lui Efraim este prea strâmt pentru voi." ¹⁶Fiii lui Iosif au zis: „Muntele nu ne va ajunge, și toți canaaniții care locuiesc în vale, cei ce sunt la Bet-Șean și în satele lui și cei ce sunt în valea lui Izreel au care de fier." ¹⁷Iosua a zis casei lui Iosif, lui Efraim și lui Manase: „Voi sunteți un popor mare la număr și puterea voastră este mare, nu veți avea un singur sorț. ¹⁸Ci veți avea muntele, căci veți tăia pădurea și ieșirile ei vor fi ale voastre, și veți izgoni pe canaaniți, cu toate carele lor de fier și cu toată tăria lor."

Țara era cucerită și acum se bucurau de momentul liniștitor al împărțirii prăzii. Iosua se confruntă cu cererea semințiri lui Manase, care fiind mare la număr, dorește pământ și la vest de Iordan. Manase fusese întâiul născut a lui Iosif. Prin Efraim erau rude cu Iosua, conducătorul și simțeau că au nevoie de tratament preferențial, de pensii speciale și bilet la avion la Bussines Class. Așa pare la prima vedere, dar de fapt aici e o poveste despre stagnare. Statisticile arată că productivitatea medie a vieții spirituale a unui creștin e undeva sub trei ani, iar lucrul acesta demonstrează că, dacă noi creștinii, am fi la fel de slabi fizic după cum suntem de slabi spiritual, toți ar trebui să umblăm în cârje sau în scaune cu rotile.

Începem bine și avem victorii, apoi vine bătutul pasului pe loc, deși știm că sportul acesta se termină cu moarte. Ioan dorea lui Gaiu ca toate lucrurile să-i meargă bine, iar sănătatea lui să sporească direct proporțional cu creșterea din suflet. La noi nu se pune problema creșterii din afară. O creștere vizibilă, confundând omul dinlăuntru cu stomacul. Burdihanele obscene, scaunele care se rup sub noi, lipsa de postitori şi conserve înghesuite în pivniţe arată o ocupaţie prea puţin spirituală.

De ce se produce stagnarea spirituală? De ce nicio creştere a dorinţei după părtăşie, Biblie, discipline spirituale? De ce nicio dorinţă de creştere, un scâncet după sfinţenie, un ochi aruncat spre Everest? De ce ne-am transformat în spectatori, în fosile, în statui de ceară? Ce păcate acumulate ne-au adus aici? Am devenit oameni normali, dar normalitatea e moarte, ca dormitul în zăpadă. Patruzeci de ani robi, patruzeci de ani călători şi acum se odihneau. Erau în vale şi nu-şi mai doreau muntele – iar Diavolul asta vrea. Să ne obişnuim cu văile, cu locurile strâmte, să nu mai vrem muntele, să nu ne mai vedem nici identitatea de copii ai lui Dumnezeu, să nu mai avem nici mentalitatea de întotdeauna victorioşi.

Păcatul nemulţumirii. Deşi primiseră partea lor de moştenire şi erau recunoscători pentru trecut, situaţia prezentă îi nemulţumea. Mentalitatea de robi nu li se schimbase, deşi „Manase stăpânea". La început au crezut că au destul, dar când au văzut că şi alţii au cât ei au vrut ceva mai mult.

Ce viaţă amărâtă! Să stai cu ochii la talantul, banii, sănătatea, familia, serviciul altuia în timp ce peste ce ai tu se aşterne rugina.

Păcatul posesiei parțiale. În versetul 12 ni se spune că cei din Manase n-au putut să-i izgonească pe locuitorii din cetățile căzute semințiilor la sorți și astfel canaaniții au rămas în teritoriu. În Cartea Judecătorilor, găsim chiar în capitolul 1 că nici cei din Beniamin nu au fost mai deștepți, nici cei din Efraim, nici Neftali, nici Zabulon, nici Așer. Raportau victorii la hectar, dar de fapt realitatea din teren era dezastruoasă.

De aceea nu creștem pentru că ne-am păstrat ceva canaaniți lângă noi. Dădeau telefon lui Iosua și îi spuneau că 90% din dușmani au fost alungați, iar Iosua închidea ochii la fiecare nesemnificativ 10%. Dar rămășița aceasta le creează după mai bine de 3.000 ani probleme mari. Au fost comozi și leneși. Nu au făcut nici cât trebuia făcut, darămite să depășească norma. Era greu să taie pădurea unde dușmanii lor se ascunseseră. Defrișarea atunci era mult mai anevoioasă ca acum. Mai mult decât atât, vin și spun că băștinașii ce nu se lăsau strămutați în Bărăgan aveau care de fier, răspuns tipic al creștinului îngenuncheat, speriat și spiritual la pământ, care mai repede dorește să cadă la pace cu dușmanul, decât să se bată cu el. Dar Satan nu are cuvântul pace în vocabular, el ne vrea robi. Mulți creștini se uită la culmile spirituale cu jind, dar după aceea cad în butoiul cu drojdia contabilității. „Aceasta-i prea greu pentru mine, prea costisitor, deci nu merită". Lenea spirituală te face să priveşti la carele de fier ale Diavolului, nu la carele de foc ale lui Dumnezeu. S-au relaxat prea devreme, iar relaxarea e opusul disciplinei spirituale. Un sportiv relaxat îşi permite câteva kilograme în plus, iar un creştin relaxat consideră viaţa de rugăciune o povară, citirea Sfintei Scripturi nefolositoare, iar mersul la Biserică plictisitor. Ce fel de creştini suntem? Unul care stă în spărtură sau unul care face spărturi în zidul spiritual al Bisericii sau familiei?

Cred că abundenţa de grâu şi mărimea strugurilor i-a adus aici. Nu e păcat să-ţi doreşti mai bine şi mai mult, dar aceste lucruri să nu devină obsesie.

Abundenţa duce la confort, iar confortul la lene spirituală. Rar se întâmplă ca în vremi de lipsă să leneveşti spiritual, când făina e pe fund de oală. David nu avea vreme de prostii şi scria psalmi fugărit de Saul, dar când a ajuns împărat şi s-a uitat după Batşeba, Iedutun, mai marele cântăreţilor era să rămână şomer. De la palat niciun psalm. Devenise tăcut ca preşedintele nostru, domnul Iohannis, în primul mandat.

Aşa au ajuns cerşetori, în loc să fie cuceritori şi au uitat că planul lui Dumnezeu pentru noi e victoria deplină. „Mulţumiri fie aduse lui Dumnezeu care ne dă biruinţă prin Domnul Isus" (1 Corinteni 15:57). E bine de ţinut minte că în război nu există niciun substitut pentru victorie. Diavolul răcnește ca un leu și nimeni nu face conferințe de pace cu cel rău.

Carele de fier le băgau frica în oase. Când ei se lăudau că sunt mulți, Iosua le răspunde ironic „Atunci de ce vă este frică?" (v. 15). N-au știut că handicapurile pot fi transformate în rampe de lansare.

Păcatul mândriei. O mândrie de dansa pe clănțănitul din dinți al fricii. Noi suntem un popor mare și cu nume mare, iar tu, Iosua ești de-al nostru. Numele mare însă trebuie acompaniat cu faptele, cui i se dă mult, i se cere mult. E bine să știi cât poți duce în spinare, Pavel a scris jumătate din Noul Testament, dar mereu a spus că n-a ajuns la desăvârșire. Cunosc mulți oameni care n-au completat decât integrame, dar sunt desăvârșiți beton. Dacă Dumnezeu ne vede așa, e treaba Lui. Noi însă trebuie să ne vedem de smerenia ce se capătă sub mâna tare a Domnului, ca la rândul nostru să umblăm smeriți în Duhul ca să căpătăm cinste. (1 Petru 5:5, Proverbe 29:23).

Când Iosua a văzut starea lor spirituală atât de jos, a venit cu soluții practice. Nu le-a ținut o predică, ci doar le-a răspuns la întrebări, tăios și serios cu sabia într-o mână și cu ruleta de măsurat în cealaltă. Iosua ne explică cum putem ieși din mlaștina stagnării spirituale.

În primul rând să nu așteptați să lupte alții pentru voi. Manase avea nevoie de mai mult spațiu, nu Beniamin. Cei din Manase au crezut că Iosua va suna mobilizarea generală și în frunte cu Caleb vor aplica necesare corecții celor ce se încăpățânau să nu plece, iar carele lor de fier să le ducă la fier vechi sau să facă săbii din ele.

Nu a fost așa. Șapte frați de credință, plus mama și tata să postească pentru mine și să se roage cu foc. E bună rugăciunea de mijlocire – doar dacă înainte de a fi un mijlocitor pentru alții ai fost un viteaz ce ți-ai câștigat propriile lupte spirituale, ce ți-ai învins proprii demoni și propriile umbre.

Apoi Iosua le poruncește să pună pădurea la pământ, poruncă atât de dragă azi în România. Dar din cauza pădurii nu mai vezi muntele. Ei nu știau cât teritoriu vast aveau în față din cauza luminișurilor și copacilor deși. Tăiați tot ce vă încurcă. Tăiați spinii, lăstărișurile de amărăciune și iuțeală. Tăiați pădurea de îngrijorări, faceți lumină și salvați-vă viața. Iarba crește repede și pe neanunțate cu buruieni cu tot. Defrișați cu ură ca în Bucovina, iar fiecare știe mai bine ce îl încurcă. Și noi, fiind înconjurați de un nor așa de mare de martori, să dăm la o parte orice ne împiedică. Când avem probleme, nu-i un motiv să nu ne facem datoria.

Dacă suntem un popor mare la număr, atunci e bine să fim uniți mai ales că știm că nimeni nu va lupta pentru noi decât Dumnezeu. Avem suficiente resurse la îndemână. Dacă n-avem care de fier, avem Duhul Sfânt și asta e tot ce contează.

Fiți gata să plătiți prețul. Pădurea nu se taie ușor, muncitorii forestieri știu bine că meseria lor e printre cele mai grele din lume. Victoriile au de-a face cu efortul, cu disciplina, cu dedicarea. Nu există loc pentru low-cost și nici victorii facile.

Dar nici nu poți să rămâi toată viața campat în vale...

13

CETĂŢILE DE SCĂPARE

Pasaj de citit: Iosua 20 şi 21

Iosua 20:1-8

[1]Domnul a vorbit lui Iosua şi a zis: [2]„Vorbeşte copiilor lui Israel şi spune-le: 'Hotărâţi-vă, cum v-am poruncit prin Moise, cetăţi de scăpare, [3]unde să poată fugi ucigaşul care va omorî pe cineva fără voie, fără să aibă vreun gând să-l omoare; ele să vă fie un loc de scăpare împotriva răzbunătorului sângelui. [4]Ucigaşul să fugă într-una din aceste cetăţi, să se oprească la intrarea porţii cetăţii şi să spună întâmplarea lui bătrânilor cetăţii aceleia; ei să-l primească la ei în cetate şi să-i dea o locuinţă, ca să locuiască împreună cu ei. [5]Dacă răzbunătorul sângelui îl va urmări, ei să nu dea pe ucigaş în mâinile lui, căci fără să vrea a omorât pe aproapele lui şi fără să-i fi fost vrăjmaş mai înainte. [6]El să rămână în cetatea aceasta până se va înfăţişa înaintea adunării ca să fie judecat, până la moartea marelui preot care va fi atunci în slujbă. Atunci, ucigaşul să se întoarcă şi să intre iarăşi în cetatea şi în casa lui, în cetatea de unde fugise.'" [7]Ei au pus deoparte Chedeşul în Galileea, în muntele lui Neftali, Sihemul în muntele lui Efraim şi Chiriat-Arba, sau Hebronul, în muntele lui Iuda. [8]Şi de cealaltă parte a Iordanului, la răsăritul Ierihonului, a ales Beţerul, în pustie, în câmpie, în seminţia lui Ruben, Ramotul în Galaad, în seminţia lui Gad, şi Golanul în Basan, în seminţia lui Manase.

Dumnezeu ştia că omul e rău. Că lupul din el cere dreptul la sânge. Cel ce îi condusese prin pustie în nor şi în stâlp de foc ştia că Israel, atunci când n-o să mai aibă duşmani, o să îi fabrice sau mai bine zis o să se pocnească unii pe alţii în moalele capului. Dar nu-i totuna să stai la pândă, cu un plan mârşav ticluit în taină (vezi Mioriţa românească) sau să omori un om din greşeală pentru că securea ta a părăsit coada aferentă, aterizând în fruntea unuia ce te filma cu telefonul mobil.

Iosua 20 face distincţie între uciderea premeditată şi cea nepremeditată, cetatea de scăpare neoferind nicio şansă unui ucigaş intenţionat.

Dumnezeu voia să imprime în israeliţi valoarea vieţii umane.

Cuvântul „scăpare" este des întâlnit în Vechiul Testament, dar în Noul Testament apare decât o singură dată (Evrei 6:18) pentru că în Noul Testament statul era puternic, iar legile dreptului roman erau deja bine cunoscute de cei ce ardeau de nerăbdare să ucidă pe cineva.

Dumnezeu a dat celor din seminția lui Levi 48 de cetăți cu terenul aferent pentru pășunat și din aceste 48 cetăți, 6 au fost destinate pentru a fi folosite de ucigașii din greșeală care, pentru a nu fi linșați imediat de familia și prietenii victimei lor, fugeau în una din ele în așteptarea unui proces echitabil.

Erau 6 cetăți, trei la vest de Iordan, trei la est de Iordan și numai puțină imaginație trebuie să avem ca să ne dăm seama că lucrarea lui Hristos seamănă atât de bine cu o cetate de scăpare și în această cheie vom înțelege capitolul acesta mult mai ușor decât dacă ar fi vorba de un simplu act administrativ.

Kedesh e prima cetate și înseamnă „Locul sfințeniei", lucru care ne vorbește despre Hristos, Mântuitorul nostru. Fără sfințenie nu-L vom vedea pe Dumnezeu, dar pe ea nu o putem câștiga, ci este darul pentru o viață consacrată.

Sechem, cea de-a doua cetate înseamnă „Umăr". Hristos, puterea noastră, Cel ce ne sprijină, Cel ce ne poartă poverile. Avem greutăți de dus, iar El are umeri puternici.

Hebron înseamnă „Plinătate". Acolo cu adevărat curgea laptele și mierea, iar numele acesta înseamnă pentru noi „Hristos, plinătatea noastră". Mulți vor să-și găsească împlinirea în tot felul de lucruri, dar numai El satură pe deplin.

Cetatea Bezer înseamnă siguranță. Hristos, purtătorul nostru de grijă. Inițiatorul și păstrătorul credinței noastre, Cel ce ne ține în mâna Lui și ne ocrotește.

Ramoth înseamnă „Înălțat". Hristos mai înălțat decât toți dumnezeii și care mă va înălța și pe mine acolo unde e El acum.

Golan înseamnă „Separat". Hristos, sfințirea mea. Cel ce mă ajută să mă separ de lume, fiind o creație nouă ce crește în fiecare zi. Niciodată nu mă va lăsa din mâinile Lui, iar sentimentul apartinerii și siguranței este atât de confortabil.

Cetățile erau răspândite în toată țara, ca oriunde te-ai fi aflat să ai în apropiere un refugiu, iar ajutorul Hristos este întotdeauna aproape de noi. Cât o rugăciune... E atât de aproape și atât de ușor să fugim spre stânca mântuirii în Cetatea noastră, sub aripile Sale.

O parte din cetăți erau în locul în care Ruben, Gad și jumătate din seminția lui Manase rămăseseră. Adică, dincolo de Iordan. E atât de liniștitor să simți divinitatea aproape în locul falimentelor și alegerilor noastre greșite. Mesajul Evangheliei este la îndemâna tuturor, dispunem de o mântuire universală, iar noi suntem martorii Lui până la marginile pământului.

La oricare dintre cetățile de scăpare se putea ajunge în timp de o zi din orice parte a țării, adică la 45 de kilometri una de alta, un fel de maraton care atunci când ai probleme devine 100 de metri garduri. La noi se vorbește despre sfârâitul călcâielor, semn că ai prins viteză. Aceste cetăți nu se aflau în văi, ci pe dealuri, ca să fie vizibile tuturor, precum crucea lui Hristos sus pe dealul Golgotei.

O a doua caracteristică a acestor cetăți era faptul că ușile lor erau întotdeauna deschise. Harul lui Dumnezeu era evident în purtarea lor de grijă. Strigarea harului – „oricine" crede în El și „oricine" va chema numele Domnului va fi mântuit (Romani 10:13).

Al treilea lucru de ținut minte, atunci când ne gândim la cetățile acestea este că drumul spre ele era clar delimitat. Era plin de indicatoare, așa cum numai Biblia știe să prezinte calea mântuirii. Simplu, ca nimeni să nu-și rătăcească viața. Sanhedrinul deținea responsabilitatea de a păstra în cele mai bune condiții drumurile care duceau spre cetățile de scăpare. Toate așezările erau controlate, orice râu era traversat de un pod, iar drumul trebuia să aibă o lățime de 32 de coți. La fiecare intersecție era un indicator cu inscripția „Scăpare", iar doi dintre studenții Torei sau învățați ai Legii trebuiau să escorteze și ei fugarul, fugind umăr la umăr, cu perciunii în vânt și cu barba zburlită de emoție. Însoțitorii trebuiau să ajute fugarul și să-l încetinească foarte mult pe răzbunător. În cetate primea o locuință și aștepta acolo procesul.

Al patrulea element al reflecției noastre despre cetățile de scăpare este ideea că ele au fost desemnate și alese cu mult timp înainte de a fi folosite, încă de pe vremea peregrinării în pustie, Dumnezeu i-a oferit lui Moise planul detaliat despre cetăți (Exod 21:13) pe vremea când încă erau în Sinai. Îmi imaginez ce-o fi gândit Moise crescut în cultura „când greșește, crapă-i capul". Dumnezeu ne-a promis un Mântuitor încă de la începutul veșniciei, dacă veșnicia are un început... Oricum, mai înainte de întemeierea lumii, zice Petru, iar Hristos a venit în lumea noastră la împlinirea vremii.

O altă caracteristică a cetăților este că au oferit siguranță. Fugarul nevinovat putea rămâne într-o cetate de scăpare până la moartea marelui preot, apoi era liber să se întoarcă la familia lui. Însă pe Marele nostru Preot moartea nu L-a putut atinge și astfel ne aflăm în siguranță toată veșnicia: „Acum dar nu e nicio osândire în cei ce sunt în Hristos". Preoția din Vechiul Testament era temporară, a lui Hristos e veșnică.

Nu există mai mare adevăr decât că aceste cetăți își arătau utilitatea în vremuri de criză. Când îți mergea bine, nu te sinchiseai prea tare de existența lor, dar când răzbunătorul sângelui te urmărea cu toporul în mână îți aduceai aminte de toată harta cu cetăți de scăpare.

Nu exista poziție neutră pentru persoana nevinovată. Ori în siguranță în cetate, ori în mâna răzbunătorului. Scăpat de judecată sau judecat. Cine are pe Fiul are viață „cine nu crede în Hristos nu va vedea viața, ci mânia lui Dumnezeu rămâne peste el" (Ioan 3:36). De aceea folosește Pavel atât de des expresia „în Hristos" în scrierile sale (de 40 de ori în Noul Testament), pentru că numai acolo e siguranță. Așa că neîntârziat e vremea să fugi acolo pentru că fiecare dintre noi l-am omorât pe Hristos, chiar fără intenție și El s-a rugat „Iartă-i căci nu știu ce fac". Nu știam și de aceea dacă cred în El, scap de judecată pentru că El a fost judecat în locul meu. Așa că fugi la El...

P.S. Pentru pasionații de lectură recomand Ismail Kadare „Aprilie spulberat". După ce o să citiți, o să înțelegeți de ce am recomandat-o.

14

LUPTELE CE
NU AR TREBUI LUPTATE

Pasaj de citit: Iosua 22

Iosua 22:10-16

¹⁰*Când au ajuns pe malurile Iordanului, care fac parte din țara Canaanului, fiii lui Ruben, fiii lui Gad și jumătate din seminția lui Manase au zidit acolo un altar lângă Iordan, un altar a cărui mărime izbea privirile.* ¹¹*Copiii lui Israel au auzit zicându-se: „Iată că fiii lui Ruben, fiii lui Gad și jumătate din seminția lui Manase au zidit un altar în fața țării Canaanului, pe malurile Iordanului, în părțile copiilor lui Israel."* ¹²*Când au auzit copiii lui Israel lucrul acesta, toată adunarea copiilor lui Israel s-a strâns la Silo, ca să se suie împotriva lor și să se bată cu ei.* ¹³*Copiii lui Israel au trimis la fiii lui Ruben, la fiii lui Gad și la jumătate din seminția lui Manase, în țara Galaadului, pe Fineas, fiul preotului Eleazar,* ¹⁴*și zece căpetenii cu el, câte o căpetenie de fiecare casă părintească pentru fiecare din semințiile lui Israel; toți erau căpetenii de casă părintească între miile lui Israel.* ¹⁵*Ei au venit la fiii lui Ruben, la fiii lui Gad și la jumătate din seminția lui Manase, în țara Galaadului, și le-au vorbit astfel:* ¹⁶*„Așa vorbește toată adunarea Domnului: 'Ce înseamnă păcatul acesta pe care l-ați săvârșit față de Dumnezeul lui Israel și pentru ce vă abateți acum de la Domnul, zidindu-vă un altar, ca să vă răzvrătiți azi împotriva Domnului?*

Țara era împărțită și se pregăteau de odihnă. Aveau bogății câștigate în luptă sau luate mai demult din Egipt. Aveau pământ bun, iar robinetele deschise dădeau non-stop lapte și miere. După ce i-au ajutat pe frații lor să biruiască în toate luptele dincolo de Iordan, cele două seminții și jumătate se despart de frații lor și pleacă să-și ridice corturile pe pământul pe care și l-au ales ei în urmă cu 7 ani. Cum ajung acolo cum ridică un altar, lucru ce-i oripilează pe frații lor care aveau deja altar la Silo.

Primul impuls a fost o altă traversare a Iordanului de data aceasta în sens invers, traversare urmată de o cafteală zdravănă. Trimit însă pe Fineas însoțit de o delegație pacifistă care se întoarce cu un rezultat pozitiv.

Pasajul acesta e în dublă cheie. Nimeni nu e greșit sau toți sunt greșiți. Schisma putea fi fatală însă. Glonțul le-a trecut pe lângă ureche.

Ce învățăm din criza asta?

Oricâte greșeli ai făcut în viață, încearcă să le repari.

Cele două seminții și jumătate nu voiseră să treacă Iordanul în urmă cu șapte ani, dorindu-și pământul din afara locului indicat de Dumnezeu. Atunci aduseseră multă întristare fraților lor care vedeau în ei creștinii jumătăților de măsură. Însă acum, după șapte ani realizau că bărbații din Ruben, Gad și Manase luptaseră cu ei cot la cot, în interiorul Țării Sfinte.

Acum se întorceau acasă binecuvântați material, dar și maturi. Una e să stai la oi să le pășunezi și alta să te bați cu uriașii lui Anac. Dacă înainte se gândeau la bunăstarea materială a copiilor lor, acum se gândeau la cea spirituală. Ce folos dacă ai bani și nu ai altar? Iar primul lor gând nu a fost să-și zidească cetăți și case, ci să zidească un altar Domnului.

Avem de făcut alegeri în viață. Ajungi la o intersecție și nu mai știi pe ce drum să mergi. Atunci când ești acolo, du-te pe drumul pe care vezi umbra crucii. Trebuiau să meargă de 3 ori pe an la templul de la Silo și se temeau să treacă Iordanul umflat de ploile de primăvară. Oricum, ideea altarului ca prioritate denotă că au dorit să își repare greșeala făcută în urmă cu șapte ani.

A doua lecție este că și cele mai bune intenții pot fi înțelese greșit. Altarul, care era simbolul unității, devine altarul discordiei. Au făcut un altar mai frumos ca cel din Israel de la Silo și credeau că Iosua îi va felicita pentru realizarea aceasta rapidă. Dar Iosua dovedește că înainte de a fi slujitorul Domnului și general e totuși om şi scoate sabia, lucru urmat cu entuziasm de toți bărbații din Israel. Ce repede se scoate sabia! Oameni ce-au fost tovarăși șapte ani de lupte se învrăjbesc în cinci minute. Acuzați pe baza unor zvonuri, un fel de fake-news-uri și au fost acuzați înainte ca să se trimită echipa de investigații. A fost dureros că au sărit în sus „ce-i cu altarul acesta?", ca și cum ar fi fost vorba de o fermă de porci, pun „păcatul" lor în linie cu păcatul lui Acan.

E rău să fii înțeles greșit, dar cel mai rău e să fii înțeles greșit de frații tăi – ca mai târziu David sau mai ales Domnul nostru Isus Hristos. Când faptele noastre, vorbele noastre, intențiile noastre sunt înțelese greșit și imediat vine și pedeapsa pentru înțelegerea greșită, doare. Iosif mergea cu mâncare la frații lui, dar ei când l-au văzut au presupus că vine să-i caute prin buzunare după țigări ca sa aibă ce istorisi lui Iacov. Nu au văzut plasele cu brânză și pastramă de oaie, iar presupunerea greșită l-a costat 12 ani de robie și de temniță grea.

Un bărbat povestea că a luat pe cineva de pe marginea drumului în mașina lui, iar pe drum a observat că portofelul lui era în buzunarul autostopistului. S-a pipăit în buzunar ca să fie sigur, nu era acolo și a zis omului „Dă-mi portofelul". Omul i l-a dat, apoi șoferul l-a dat jos din mașină, făcându-l hoț. Când a ajuns acasă, seara târziu soția l-a întâmpinat cu „vezi că ți-ai uitat dimineață portofelul acasă" – a albit, luase portofelul unui amărât și fusese sincer greșit pe deasupra.

Întorcând cheia, observăm și că prea multe altare strică... Chiar dacă nu a fost un altar pentru jertfă, ci unul comemorativ, diferența era puțin sesizată. „Iată ce dulce și ce plăcut e să locuiască frații împreună" e un deziderat frumos, dar e greu de pus în practică. Fiecare din cele două tabere credea că-L slujește pe Dumnezeu și de aceea cele două seminții și jumătate au zidit un altar mai mare și mai aproape de ei.

Întotdeauna să căutați pacea...

Nu lăsați ca zvonurile și emoțiile să vă controleze atitudinea. Astfel au format o delegație condusă de Fineas, fiul marelui preot, pentru că nu era o problemă militară, ci spirituală (Deuteronom 12:13). Când există o problemă ce provoacă fricțiuni, păstrați-vă calmul, acordați-vă timp să vă răcoriți și mai ales să ascultați înainte de a judeca.

Întotdeauna să fiți sinceri...

Când Fineas și delegația lui au ieșit uzi din Iordan în ținutul Galaadului, au abordat problema fățiș. Problemele nu pleacă dacă le ignori și nu poți bate șaua la nesfârșit ca să priceapă calul. De multe ori e mai bine să tragi o cravaşă calului şi chiar dacă nu pricepe, măcar ştii că i-ai atras atenţia. Au fost concentraţi doar pe problema care generase conflictul şi nu au mai vorbit de recolta de grâu şi nici de uriaşi. Nici laptele şi mierea nu mai erau de actualitate, problema era un altar ce dezbina acelaşi popor despărţit până atunci doar geografic, de un fluviu.

Lasă de la tine...

Iosua i-a spus lui Fineas că are libertatea să le propună să se mute dincolo de Iordan cu toţii, chiar dacă asta ar fi dus la micşorarea terenului pentru ceilalţi şi alte noi măsurători ce s-ar fi impus. De aceea ne este recomandat de apostolul Pavel să urmărim lucrurile care duc la pacea şi zidirea noastră.

Menţineţi-vă o minte deschisă...

Au acceptat altarul când au înţeles, şi unul dintre lucrurile care trebuie să ne conducă viaţa este că nu trebuie să încercăm să câştigăm cu orice preţ.

Psalmistul spune că bunătatea şi credincioşia se întâlnesc, iar dreptatea şi pacea se sărută. E mai uşor să critici oamenii când fac rău, decât să-i încurajezi când fac bine, din păcate. Fericiţi făcătorii de pace că ei vor fi chemaţi fii ai lui Dumnezeu. În ziua aceea, când Fineas a plecat spre casă, erau toţi fii ai lui Dumnezeu, iar premiul e că „au rămas mulţumiţi". Mulţumiţi cei din Galaad, mulțumiți cei din delegația lui Fineas, mulțumit mai apoi tot poporul la Silo. Mulțumit și Dumnezeu.

În „Nimic nou pe frontul din Vest" Erich Maria Remarque scrie că doi soldați în tranșee discutau una-alta și unul pune o întrebare: „De ce se bat oamenii în războaie?" „Pentru că se supără două țări". „Două bucăți de pământ?" „Nu, oamenii". Și unul din soldați se ridică și sare din tranșee. „Atunci, eu plec, că nu-s supărat pe nimeni".

BIRUITORI PÂNĂ LA CAPĂT

Pasaj de citit: Iosua 23 și 24

Iosua 23:1-8

¹De multă vreme Domnul dăduse odihnă lui Israel, izbăvindu-l de toți vrăjmașii care-l înconjurau. Iosua era bătrân, înaintat în vârstă. ²Atunci, Iosua a chemat pe tot Israelul, pe bătrânii lui, pe căpeteniile lui, pe judecătorii lui și pe căpeteniile oștii. Și le-a zis: „Eu sunt bătrân, înaintat în vârstă. ³Ați văzut tot ce a făcut Domnul Dumnezeul vostru tuturor neamurilor acelora dinaintea voastră, căci Domnul Dumnezeul vostru a luptat pentru voi. ⁴Vedeți, v-am dat ca moștenire prin sorți, după semințiile voastre, neamurile acestea care au rămas, începând de la Iordan, și toate neamurile pe care le-am nimicit, până la Marea cea Mare, spre apusul soarelui. ⁵Domnul Dumnezeul vostru le va izgoni dinaintea voastră și le va alunga dinaintea voastră; și voi le veți stăpâni țara, cum a spus Domnul Dumnezeul vostru. ⁶Puneți-vă toată puterea ca să păziți și să împliniți tot ce este scris în cartea legii lui Moise, fără să vă abateți nici la dreapta, nici la stânga. ⁷Să nu vă amestecați cu neamurile acestea care au rămas printre voi; să nu rostiți numele dumnezeilor lor și să nu-l întrebuințați în jurământ; să nu le slujiți și să nu vă închinați înaintea lor. ⁸Ci alipiți-vă de Domnul Dumnezeul vostru, cum ați făcut până în ziua aceasta.

Generalul avea 110 ani și obosit ține două predici în care se repetă. Una o ține pentru conducători la Silo, iar cea de-a doua pentru toți oamenii la Sihem. Sunt predici testament în care Iosua le spune să nu uite că Domnul a câștigat bătăliile și nu ei, că biruitorii nu se nasc, ci se fac, iar biruința niciodată nu vine instant, ci ne este dată treptat.

Unii au rămas în Egipt, alții încă mai pribegesc prin pustiu, iar cei ce-au mers până la capăt sunt victorioși în Canaan.

A muri e amar, dar a muri fără a trăi e un dezastru uriaș.

Cum poți ajunge biruitor?

Să ai în față un lider bun...

Liderii se fac sau se nasc? Și una și alta. Când nu e combustibil nu are ce să ardă. În Iosua s-a investit și cel ce l-a ajutat a fost Moise, așa cum Dumnezeu investise în Moise 80 de ani, iar în Iosif 17 ani. Iosua a trecut prin școala suferinței, iar suferința vine întotdeauna înainte de glorie.

A fost un om supus. Jumătate din viață a primit ordine de la Moise, cealaltă jumătate direct de la Dumnezeu. Mereu se vorbește despre el în Biblie ca fiind slujitorul lui Moise. A trăit 110 ani din care 40 de ani în Egipt ca sclav. A fost întâiul născut al familiei, dar părinții lui au uns poarta cu sânge în timp ce colegii lui egipteni mureau în casele lor. Apoi a stat 40 de ani slujitor la umbra lui Moise. Umbră deasă. Ultimii 30 de ani a fost conducător în Canaan. Apare prima dată în Exod 17 ca luptător în vale sub mijlocirea lui Moise.

Când a trebuit să-și ucidă rudele a făcut-o, a mers spion unde l-a trimis Moise, la luptă a fost primul și-a plecat acasă ultimul.

Niciodată nu s-a răsculat împotriva lui Moise, deși și atunci, ca și acum, era la modă. Iar ascultarea și supunerea n-au fost parțiale. Dumnezeu a spus despre el că a ascultat întru totul de Cel Prea Sfânt (Numeri 32:12). A fost atent la amănunte și tot Dumnezeu îl caracterizează sublim „Iosua a împlinit poruncile date de Domnul n-a lăsat nimic neîmplinit din tot ce-i poruncise Domnul" (Iosua 11:15).

A fost un om răbdător. Trebuia să intre în Canaan cu 40 de ani mai devreme, iar ocolul acesta incredibil nu a fost din vina lui pentru că raportul lui fusese bun – ca a lui Caleb, dar democrația ucide la vot mai ales când au voie să voteze toți asistații social. Toată viața a stat cu spatele cocârjat, cărând când oasele lui Iosif, când strugurii uriași, când cărțile sfinte. Între bătălii a scris și e greu de trăit între dușmanii uriași, un erou cu numele de Moise, un popor guraliv și un Iordan de traversat. A știut că ceasul lui Dumnezeu merge perfect și că prin răbdare nu câștigi doar bătălii, ci și propriul suflet.

A fost un om curajos ce s-a luat la trântă și cu uriașii, dar și cu păcatul din propriul popor. N-a făcut calcule politice, nu și-a apărat funcția, nu și-a coborât standardele. A știut să fie brav, iar bravura e capacitatea de a îndeplini în mod corespunzător ordinele, chiar și atunci când ești speriat de moarte.

A fost un om al planificării. Dacă observați cu atenție, Canaanul a fost cucerit sub o atentă planificare militară. Nu a fost un iureș dezlânat, ci rezultatul unor planuri bine întocmite și bine executate. A reușit chiar performanța de a planifica și viitorul – nu ca Ezechia mai târziu, care trăia după lozinca „După noi potopul". A avut o influență uriașă în viață, dar și după moartea lui: „Israel a slujit Domnului în tot timpul vieții lui Iosua și în tot timpul vieții bătrânilor care au trăit după Iosua și care cunoșteau tot ce făcuse Domnul pentru Israel" (Iosua 24:31), iar lucrul acesta înseamnă că nu a lăsat un înlocuitor, ci trei milioane.

Nu a renunțat niciodată. Când a fost învins la Ai și-a smuls părul și-a pus cenușă în cap, a urlat la lună, dar a doua zi a mers și i-a bătut de le-a zburat fulgii. A învățat din greșeli, iar experiența e numele tuturor greșelilor tale. Experiența e un profesor dur și ciudat, dă prima dată examen cu tine și apoi te învață.

Nu există niciun eșec decât acela de a nu mai încerca.

A fost un om autoritar, dar pumnul autorității îl ținea înfășurat în catifea verde. Știa numele soldaților pe de rost, nu avea regim special, mânca alături de trupe pâine de la gabaoniți, smochine și puțin vin și brânză de oaie. Oamenii lui au devenit eroi pentru că aveau un asemenea șef. A privit mereu la obiective, nu la obstacole și a văzut o soluție în fiecare problemă.

În al doilea rând, dacă vrei să fii biruitor până la sfârșit nu numai că trebuie să ai un lider bun în viață, un mentor bun, ci și să știi cine câștigă victoriile.

În predica sa le spune „Ați văzut tot ce a făcut Domnul neamurilor ce v-au stat în cale căci Domnul a luptat pentru voi" (Iosua 23:3). Persoana cheie nu e Iosua lui Dumnezeu, ci Dumnezeul lui Iosua, iar lucrul acesta nu trebuie uitat niciodată. Iosua a fost gelos pe Moise (Numeri 11:24-30), dar după ce ajunge conducător toată slava o dă lui Dumnezeu.

E foarte important unde privim și cum privim. Bătrânii privesc spre trecut cu istoriile trăite sau fabricate, iar tinerii privesc spre viitor cu visele sau coșmarurile aferente. În Iosua 23:5

Iosua priveşte spre trecut şi spre viitor şi îl conjugă pe Dumnezeu la toate timpurile. „Orice ni se dă bun şi orice dar desăvârşit este de sus pogorându-se de la Tatăl luminilor". Tot ce avem e de la El, toată slava Lui să fie dată. Nu dau daruri bune copilului meu pentru că e bun, ci pentru că e copilul meu. Aşa şi Dumnezeu cu noi şi dacă cineva crede că e ceva, deşi nu e nimic se înşală singur (Galateni 6:3).

În al treilea rând, dacă vreau să fiu biruitor până la sfârşit trebuie să ascult de cuvântul lui Dumnezeu – Iosua 23:6.

Iosua le spune că nu există alternativă la Biblie. Versetul 6 din capitolul 23 parcă e copiat la indigo din Iosua 1:7-8. Aşa a început aventura lui cu Dumnezeu şi aşa se sfârşeşte. Cu Biblia în mână. Ea nu ne-a fost dăruită doar să o auzim, ci şi să o trăim. I-a fost frică de ziua când vor sta cei din poporul lui mai mult pe calculatoare şi televizoare decât cu ochii în Scriptură.

La început, în Iosua 1:7-8, Dumnezeu îi spune despre prioritatea ei, pentru că mai erau şi alte metode ezoterice de-a afla voia cerului. Cartea „aceasta" şi în totalitatea ei. Nu poţi căuta doar selectiv versete care să-ţi cadă bine la stomacul spiritual, de aceea trebuie împlinit tot ce scrie în ea, mai ales acolo unde nu e convenabil. Există apoi o permanenţă a studiului „zi şi noapte" nu doar când mergi la spital sau când îţi dă tatăl tău

1000 RON dacă o termini. Biblia nu trebuie doar citită, la ea trebuie și meditat, pentru că atunci când citești treci prin Cuvânt, iar când cugeți trece Cuvântul prin tine. Domnul îi spune lui Iosua că prima dată Scriptura și apoi Urim și Tumim. Azi e un sport național fuga de Biblie și fuga după orice altceva mai de soi. După ce împlinești tot ce scrie în Carte să fugi și la Urim și Tumim. Ai dreptul atunci...

În al patrulea rând, dacă vrei să fii biruitor până la sfârșit, să nu uiți cine ești. În Iosua 23:7, generalul le spune că nu au voie să se amestece cu neamurile rămase vii în Canaan. Satan vrea să ne fure identitatea și când îi dăm voie vom suferi consecințe (Iosua 23:16), consecințe care n-au întârziat să apară atunci când poporul a călcat strâmb. Aici duce mulțumirea de sine, compromisul și lipsa de angajament. Când uiți cine ești, riști să mori lovit din ambele tabere. În aceste vremuri tulburi, ideea de a-ți cerceta zilnic propria carte de identitate spirituală nu e deloc de neglijat.

În ultimul rând, dacă vrei să fii biruitor până la sfârșit, alege să slujești lui Dumnezeu zilnic.

Iosua 24:14,15 „alegeți azi" – în ebraică e „alegeți în fiecare zi". „Cât despre mine, eu și casa mea, vom sluji Domnului". Așa se termină predica lui Iosua. Cu cea mai mare decizie a vieții. Nu căsătoria, nu facultatea, nu locul de muncă. Nu poți alege să nu alegi. Cea mai mare decizie a vieții e Dumnezeu, nu țara unde vei locui, mașina cumpărată, cultul religios, numărul de copii, școala, cariera.

E cea mai urgentă decizie a vieții. Pentru că mâine poate să fie prea târziu. Există alegeri care pot fi amânate, dar aceasta nu, pentru că are de-a face cu veșnicia sufletului tău. Orice amânare poate fi catastrofală.

E cea mai personală decizie a vieții. „Cât despre mine" zice Iosua. Nu-l interesează dacă bătrânul Caleb zice și el aceleași lucruri, nici restul comitetului și nici măcar rudele și neamul lui mare. E vorba de mine și numai de mine, pentru că nicio Catedrală a Mântuirii Neamului nu garantează o mântuire personală. Dumnezeu nu cunoaște neamuri, ci persoane. El nu știe de România, ci de Ion și Gheorghe, Maria și Ileana.

E cea mai publică decizie a vieții. Iosua a spus asta în fața întregului popor ca să nu existe dubii. El tot ce a făcut în viață a făcut la lumină, or nu putea să facă contractul umblării zilnice cu Dumnezeu pe întuneric, liniștindu-se că Dumnezeu cunoaște și gândurile.

A fost cea mai fermă decizie a vieții. Voi faceți ce vreți, a spus Iosua. Eu nu dau înapoi, nu mă răzgândesc și nu vă bat dacă aveți alte priorități. Și decizia s-a terminat cu un legământ (v. 25).

Apoi Iosua a mers să se culce...

Cărți apărute la Editura Fabrica de vise

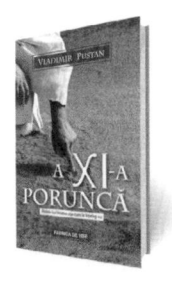

A XI-A PORUNCĂ
Pildele lui Hristos așa cum le înțeleg eu

CRED, AJUTĂ NECREDINȚEI MELE
O abordare neconvențională a Evangheliilor

DISCIPLINELE SPIRITUALE

ÎNVĂȚĂTURILE FUNDAMENTALE
O analiză sistematică a temeliei doctrinare din Evrei 6:1,2

NU TE DA BĂTUT NICIODATĂ

LINIȘTEA DE SÂMBĂTĂ SEARA

CÂNTEC PENTRU NELINIȘTEA INMII

TRISTEȚEA DINAINTEA PLECĂRII
Eseuri

TREZEȘTE-MĂ CÂND MOARTEA-I LA FEREASTRĂ

SCRISORILE LUI BELEROFON

TRĂDATĂ, IUBIREA TRECEA

ȘI NU NE DUCE PE NOI ÎN ISPITĂ...
Predici scrise

SECERĂTORII LUI HRISTOS
Un studiu despre Marea Trimitere
Predici scrise

DULCELE SĂRUT AL SINGURĂTĂȚII

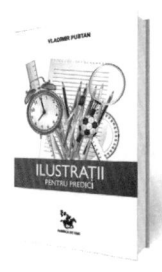

ILUSTRAȚII PENTRU PREDICI